AI와 정밀 의료

인공지능총서

인공지능 시대입니다. 기계가 인간의 인지를 대신하고, 사물이 인간을 통하지 않고 다른 사물과 직접 커뮤니케이션합니다. 이에 따른 인간 삶과 문명 변화를 정확히 이해·예측·대응하는 것은 이 시대 우리 모두의 과제입니다. 인공지능총서는 인공지능 기술과 환경의 여러 주제를 10가지 키워드로 정리합니다. 관련 개념과 이론, 학계와 산업계의 쟁점, 우리 일상의 변화를 다룹니다. 인간과 기술의 현재, 미래를 세심히 분석합니다.

일러두기

- 인명, 작품명, 저서명, 개념어 등은 한글과 함께 괄호 안에 해당 국가의 원어를 병기했습니다.
- 외래어 표기는 현행 어문규정의 외래어표기법을 따랐습니다.

처음이세요?

전문가세요?

AI와 정밀 의료

김효정

대한민국, 서울, 커뮤니케이션북스, 2025

AI와 정밀 의료

지은이 김효정
펴낸이 박영률

초판 1쇄 펴낸날 2025년 10월 24일

커뮤니케이션북스(주)
출판 등록 2007년 8월 17일 제313-2007-000166호
02880 서울시 성북구 성북로 5-11
전화(02) 7474 001, 팩스(02) 736 5047
commbooks@commbooks.com
www.commbooks.com

ISBN 979-11-430-1106-0 03500

책값은 뒤표지에 표시되어 있습니다.

차례

정밀 의료의 혁명이 시작되다

한 사람을 위한, 모두를 향한 한 걸음

2015년 1월, 버락 오바마 미국 대통령은 국정연설에서 정밀 의료 이니셔티브(Precision Medicine Initiative)를 발표하며 의료 패러다임 전환의 문을 열었다. 2003년 인간 게놈 프로젝트가 완료된 지 12년, 의료는 비로소 패러다임 전환의 문턱에 서 있었다. "필요한 사람에게, 최적의 시기에, 정확한 치료를 제공하는 것—이것이 정밀 의료의 약속입니다." 이 선언은 단순한 정치적 수사가 아니었다.

20세기 의학은 항생제, 백신, 수술법의 발전을 통해 인류의 평균 수명을 극적으로 연장시켰다. 이는 인류 역사상 가장 많은 생명을 구한 위대한 성취였다. 대부분의 치료법은 '보편적 환자'를 위해 설계되었고, 이러한 '일률적 접근(one-size-fits-all approach)'은 많은 환자들에게는 매우 성공적이었다. 하지만 모든 환자들에게 그렇지는 못했다. 예를 들어, 가장 널리 사용되는 항우울제인 SSRI(선택적 세로토닌 재흡수 억제제)의 경우, 환자의 약 30~45%에서만 관해(remission)에 이르는 것으로 알려져 있다. 나머지 환자들은 부분적 반응을 보이거나 부작용을 경험한다. 왜 이런 차이가 발생하는가? 답은 부분적으로 개인의 유전적 다양성에 있다. CYP2D6, CYP2C19 같은 약물 대사 효소의 유전적 변이는 약물의 대사, 효능, 그리고 부작용 발생 정도(tolerability, 내약성)에 영향을 미친다. 정밀 의료는 이러한 개인차를 과학적으로 분석하고 예측해 시행착오를 줄이고, 치료 효과를 극대화하며, 부작용을 최소화하고자 한다. 이제 우리는 집단적인 효과에 만족하지 않고, 개개인이 자신에게 최적화된 치료를 받을 수 있는 시대로 진입하고 있다. 따라서 정밀 의료로의 전환은 기존 의학의 성과를 부정하는 것이 아니라 한걸음 더 나아가는 것이다.

오바마의 정밀 의료 이니셔티브 연설 이후 다시 10년이 지난 지금, 우리는 실제로 그 혁명의 한가운데 있다. 인공지능(AI) 기술과 빅데이터, 유전체학의 융합은 의료의 풍경을 근본적으로 바꾸고 있다. 이제 의사들은, 그리고 보건 의료 체계는 개개인의 유전적 특성, 생활 습관, 환경 요인을 종합적으로 고려해 각자 모두가 혜택을 받을 수 있는 맞춤형 치료를 설계한다. 그러나 이러한 비전의 실현은 결코 쉽지 않다. 정밀 의료는 건강과 질병에 영향을 미치는 개인의 고유한 요인들－유전체, 단백체, 대사체, 마이크로바이옴, 생활 습관, 환경 노출－을 다면적이고 다층적으로 분석해야 한다. 이 방대한 데이터의 처리 결과를 의미 있는 정보로 변환하고, 다시 이를 각 환자의 특수한 임상 상황(clinical context)에서 적시에 의사 결정과 치료 행위로 연결하는 것은 인간의 인지 능력만으로는 불가능에 가까운 도전이었다. 이러한 '데이터 범람(data deluge)' 속에서 "필요한 사람에게, 최적의 시기에, 정확한 치료"를 제공한다는 정밀 의료의 약속을 지키기 위해서는 혁신적인 접근이 필요했다.

AI는 방대한 의료 데이터의 여동 속에서 인간이 치리할 수 없는 복잡성을 해결하고 정보와 물리적 세계를 연결한다. AI는 다층적이고 불완전하며 불균형한 데이터를 분석하고, 숨겨진 패턴을 발견하며, 복잡한 상호작용을 모델링할 수 있다. 수백만 개의 유전자 변이 중에서 질병과 관련된 것을 찾아내거나, 수천 가지 약물 조합 중에서 개인에게 최적인 것을 예측하는 연산을 수행하며, 실시간으로 변화하는 생체 신호에서 위험을 감지하는 정보-지식 순환의 모든 단계에 기여할 수 있다. 바로 지금, AI는 정밀 의료가 직면한 복잡성의 장벽을 넘어서게 하는 핵심 도구로 주목받고 있다.

책의 내용

이 책은 인공지능이 어떻게 정밀 의료를 실현하고 있는지, 그리고 이것이 우리의 건강과 삶을 어떻게 변화시킬지를 탐구한다. 각 장은 정밀 의료의 각 차원의 구성 요소를 다루며, AI가 각 분야에서 어떤 혁신을 일으키고 있는지 구체적으로 살펴본다.

우리는 의학 역사상 가장 흥미진진한 시대를 살고 있다. 히포크라테스가 "치료하기보다 해를 끼치지 말라(First, do no harm)"고 말한 이래, 의학은 끊임없이 발전해 왔다. 이제 우리는 이 명제의 보다 능동적인 실현에 도전하고 있다. 각 개인에게 맞춤화된 최선의 치료를 적시에 제공하는 것이 곧 해를 끼치지 않는 가장 완전한 형태로 여겨질 수 있기 때문이다. 정밀 의료는 '평균적 환자를 위한 의학'에서 '한 사람 한 사람을 위한 의학'으로, 그리고 궁극적으로는 '진정한 모두를 위한 의학'으로 나아가는 여정이다. 이는 단순한 기술의 발전이 아니라, 의료의 본질적 패러다임이 다시 바뀌는 조용한 혁명이 될 것이다. 그러나 이 혁명은 아직 시작에 불과하다.

이 책을 통해 독자들은 정밀 의료와 AI가 만들어 가는 의료의 현재와 미래를 보다 폭넓게 이해하게 될 것이다. 의료 전문가들은 자신의 분야에서 일어나고 있는 변화를 큰 그림 속에서 조망할 수 있을 것이고, 일반 독자들은 자신과 가족의 건강을 더 잘 관리할 수 있는 통찰을 얻을 것이다. 무엇보다 우리 모두는 이 혁명적 변화가 가져올 기회와 도전을 이해하고, 더 나은 미래를 만들어 가는 데 참여할 수 있을 것이다.

정밀 의료의 혁명은 이미 시작되었다. 이제 그 여정을 함께 떠나 보자.

01
의료 인공지능의 역사

인공지능의 역사 속에서 의료가 어떤 역할을 해 왔는지를 조망하며, AI 연구 초기부터 의료가 핵심 응용 분야로 자리해 온 과정을 살펴본다. 전문가 시스템에서 기계학습, 딥러닝으로 이어지는 발전 속에서 의료는 지식 표현, 불확실성 추론, 설명 가능성과 같은 AI의 주요 개념들을 이끌어 온 실험장이었다. 의료 AI의 반세기 역사를 통해 오늘날 정밀 의료의 기반이 어떻게 다져졌는지를 살펴본다.

기후 위기와 인공지능?

AI 역사의 숨은 주역, 의료

인공지능이 인간 전문가를 능가할 수 있는 가능성을 보여 준 최초의 순간은 언제였을까? 많은 사람들은 1997년 체스 챔피언을 이긴 딥블루나 2016년 바둑 챔피언을 이긴 알파고를 떠올릴 것이다. 그러나 실제로는 1970년대 중반, 스탠포드 대학의 MYCIN이 임상 사례 평가에서 권고의 수용도 및 적합도 평가에서 ~65%를 달성해 일반의 대비 우수한 성능을 보인 것이 의료 AI의 실질적 가능성을 보여 준 최초의 사례였다(Shortliffe, 1976; Buchanan & Shortliffe, 1984). 의료는 AI 연구의 시작부터 함께해 온 핵심 분야였으며, 오늘날 딥러닝 혁명의 토대가 된 많은 개념들이 의료 AI 연구에서 탄생했다.

의료 분야가 AI 연구의 최전선이 된 것은 우연이 아니다. 의학적 의사 결정은 본질적으로 불확실성 속에서 이루어지며, 방대한 지식을 체계적으로 적용해야 한다. 이는 AI가 해결하고자 하는 핵심 문제들－지식 표현, 불확실성 추론, 패턴 인식－과 정확히 일치한다. 이 장에서는 반세기를 넘나드는 의료 인공지능의 역사를 추적하며, 각 시대의 혁신이 어떻게 오늘날로 이어졌는지 살펴본다.

초기 AI 연구에서 의료의 위치

1956년 다트머스 회의에서 "인공지능"이라는 용어가 처음 만들어졌을 때부터 의료는 AI 응용의 잠재적 분야 중 하나였다. 초기 AI 선구자들은 의학을 지식이 집약된 전문 분야의 대표 사례로 보았다. 의사의 진단 과정은 논리적 추론의 연쇄로 모델링할 수 있을 것 같았고, 이는 컴퓨터로 구현 가능해 보였다.

1959년, 로버트 레들리(Robert Ledley)와 리 러스테드(Lee Lusted)는 사이언스(Science)지에 "Reasoning Foundations of Medical Diagnosis"를 발표했다. 이 논문은 기호 논리, 베이즈 정리(확률), 가치 이론을 의학적 진단에 적용해 컴퓨터가 의학적 추론을 수행할 수 있다는 가능성을 보여 주었다(Ledley & Lusted, 1959). 1960년대에는 베이즈 정리를 활용한 확률적 진단 시스템들이 등장했고, 이는 의학적 불확실성을 다루는 중요한 진전이었다.

1960년대에는 조슈아 레더버그(Joshua Lederberg), 칼 제라시(Carl Djerassi), 에드워드 파이겐바움(Edward Feigenbaum), 브루스 뷰캐넌(Bruce Buchanan)이 스탠포드 대학에서 DENDRAL 프로젝트를 시작했다. 1965년에 개발된 DENDRAL은 질량 분석 데이터를 해석해 유기 화합물의 분자 구조를 추론하는 시스템이다(Lindsay et al, 1980).

전문가 시스템의 황금기 (1970~1990년대): 지식의 체계화

1972년 시작된 MYCIN 프로젝트는 의료 AI 역사의 이정표다. 에드워드 쇼틀리프(Edward Shortliffe)가 이끈 이 프로젝트는 단순히 진단 도구를 만드는 것이 아니라, 인간 전문가의 추론 과정을 컴퓨터로 구현하는 것이 목표였다.

MYCIN은 세 가지 혁신적 특징을 가지고 있었다. 첫째는 확실성 계수(Certainty Factor)로, -1에서 +1 사이의 값으로 증거의 강도를 표현했다. 이는 의학적 진단이 가진 본질적 불확실성을 수치화한 획기적인 시도였다. 둘째는 역방향 연쇄(Backward Chaining)라는 추론 방식이었다. 가설에서 시작해 필요한 증거를 찾아가는 이 방식은 의사들의 실제 진단 과정과 유사했다. 셋째는 설명 기능이었다. MYCIN은 '왜 이 항생제를 추천하는가?'라는 질문에 자신의 추론 과정을 단계별로 설명할 수 있었다. 이는 의사들이 AI의 판단을 신뢰하는 데 결정적 역할을 했다.

MYCIN의 성공은 의료 전문가 시스템의 폭발적 성장으로 이어졌다. MYCIN이 감염 질환에 특화된 시스템이었다면, 피츠버그 대학의 INTERNIST-1(1974)은 일반 내과 전체를 대상으로 하는 광범위한 진단 지원 시스템이었다(Miller et al, 1982). 이는 이후 QMR(Quick Medical Reference)로 진화해 수천 개 증상-질환 매핑을 기반으로 감별 진단 리스트를 제공했다. 1980년대에는 수십 개의 의료 전문가 시스템이 개발되었고, 각각은 특정 의학 분야의 전문 지식을 담고 있었다. 이 시기는 '지식이 힘이다'라는 믿음이 지배했고, 더 많은 규칙과 더 정교한 지식 표현이 더 나은 성능으로 이어질 것이라 기대했다.

전문가 시스템이 AI 전체에 미친 영향

의료 전문가 시스템의 경험은 AI 분야 전체에 중요한 교훈을 남겼다. 그중에서도 가장 중요한 것은 전문가의 지식을 추출하고 형식화하는 체계적 방법론인 지식 공학(Knowledge Engineering)이라는 새로운 분야의 탄생이었다. 인간 전문가의 머릿속에 있는 암묵적 지식을 어떻게 컴퓨터가 이해할 수 있는 명시적 규칙으로 변환할 것인가? 이것이 지식 공학의 핵심 질문이었다.

지식 공학의 과정은 크게 세 단계로 이루어졌다. 첫째

는 지식 획득(Knowledge Acquisition) 단계다. 지식 공학자들은 의료 전문가와 수없이 많은 인터뷰를 진행했다. 의사가 환자를 진단할 때 어떤 정보를 먼저 확인하는지, 어떤 증상을 더 중요하게 보는지, 어떤 경우에 특정 검사를 지시하는지를 세밀하게 관찰하고 기록했다. 때로는 의사에게 실제 진단 과정을 소리 내어 설명하도록 하는 '사고 발화법(think-aloud protocol)'을 사용하기도 했다.

둘째는 지식 표현(Knowledge Representation) 단계다. 수집된 지식을 컴퓨터가 처리할 수 있는 형태로 변환해야 했다. MYCIN의 경우 IF-THEN 형식의 규칙으로 표현했는데, 예를 들어 "만약 환자가 발열이 있고 백혈구 수치가 높으며 배양 검사에서 그람 양성균이 발견되면, 0.8의 확실성으로 세균성 감염을 의심한다"와 같은 식이었다. 최종적으로 MYCIN은 약 600개의 이러한 규칙으로 감염병 진단 지식을 표현했다.

셋째는 지식 검증(Knowledge Validation) 단계다. 구현된 시스템이 실제로 전문가 수준의 판단을 내리는지 검증해야 했다. MYCIN은 실제 임상 사례를 사용해 시스템의 진단과 전문의들의 진단을 비교했고, 많은 경우 MYCIN이 일반의보다 더 정확한 진단을 내린다는 것을 확인했다.

이 과정에서 지식 공학자(Knowledge Engineer)라는 새로운 이름이 등장했다. 이들은 특정 전문 분야에 지식이 없거나 부족하더라도 전문가로부터 지식을 추출하고 이를 컴퓨터가 이해할 수 있는 형태로 변환하는 특별한 기술을 가진 사람들이었다. 마치 서로 다른 언어를 사용하는 두 문화 사이의 통역사처럼, 이들은 인간 전문가와 컴퓨터 사이에서 지식 통역사 역할을 하는 것이다.

의료 전문가 시스템이 AI에 미친 또 다른 중요한 영향은 설명 가능한 AI의 필요성을 일찍부터 인식하게 했다는 점이다. 의료 분야에서는 단순히 정답을 제시하는 것만으로는 충분하지 않았다. 의사들은 AI가 왜 그런 판단을 내렸는지 이해해야만 그 권고를 받아들일 수 있었다. 이는 오늘날까지도 AI 연구의 핵심 과제로 남아 있는 '블랙박스 문제'에 대한 최초의 실질적 대응이었다.

마지막으로, 의료 전문가 시스템은 제한된 도메인에서 AI가 실제로 유용할 수 있음을 입증했다. 비록 범용 인공지능의 꿈은 아직 멀었지만, 특정 분야에 집중하면 인간 전문가를 도울 수 있는 실용적인 시스템을 만들 수 있다는 것을 보여 주었다. 그러나 1980년대 후반에 이르러 전문가 시스템의 한계가 명확해지기 시작했다.

가장 심각한 문제는 '지식 획득의 병목현상(knowledge acquisition bottleneck)'이었다. 전문가의 지식을 규칙으로 변환하는 과정이 너무나 시간이 많이 걸리고 비용이 높았다. 더구나 전문가들 자신도 자신의 추론 과정을 명확히 설명하기 어려워했다. 숙련된 의사가 환자를 보자마자 직관적으로 내리는 판단을 어떻게 규칙으로 표현할 것인가?

또한 규칙이 늘어날수록 시스템은 점점 더 복잡해지고 관리하기 어려워졌다. 새로운 의학 지식이 발견될 때마다 기존 규칙을 수정하거나 새로운 규칙을 추가해야 했고, 이는 때로 예상치 못한 상호작용을 일으켰다. 예외 상황을 처리하려고 규칙을 추가하면 할수록 시스템은 더욱 취약해졌다. 규칙 기반 접근의 한계는 데이터에서 패턴을 학습하는 새로운 방법의 필요성을 일깨웠다.

통계적 방법과 초기 기계학습 (1990~2000년대): 데이터 중심으로의 전환

컴퓨터 보조 진단(CAD)의 등장

1980년대부터 시작된 의료 영상의 디지털화는 1990년대에 본격적으로 확산되었다. 이와 함께 컴퓨터 보조 진단(Computer-Aided Diagnosis, CAD) 시스템이 등장했다. CAD는 전문가 시스템과 달리 영상에서 특징을 추출하고 패턴을 인식하는 데 중점을 두었다.

초기 CAD 시스템은 세 가지 주요 분야에서 먼저 적용되었다. 첫째는 유방조영술(Mammography)로, 미세석회화와 종괴를 검출하는 데 사용되었다. 유방암은 조기 발견이 생존율을 크게 높이는 질환이지만, 방사선 전문의도 유방조영술 판독 시 10~30%의 암을 놓칠 수 있다는 연구 결과가 있었다. 이는 부분적으로 인간의 지각 오류 때문이었다. CAD는 이러한 관찰상의 실수로 인한 가음성률을 줄여 질병 검출을 증가시키기 위한 보조 도구로 개발되었다(Skaane et al, 2019). 둘째는 흉부 X-ray에서의 폐결절 검출이었다. 폐암은 전 세계적으로 암 사망의 주요 원인이며, 조기 발견 시 5년 생존율이 크게 향상된다. 그러나 흉부 X-ray에서 작은 결절은 갈비뼈나 혈관과 겹쳐 보이기 쉬워 놓치기 쉬웠다. 2001년 7월, FDA는 폐암 조기 발견 지원 장치인 RapidScreen RS-2000을 승인했다(Armato et al, 2004). 이는 폐결절 검출을 위해 특별히 개발된 장치가 시장에 출시된 최초의 사례였다. 셋째는 대장내시경에서의 폴립 검출이었다. 대장 폴립은 대장암의 전구 병변으로, 내시경 검사 중 제거하면 대장암 발생을 예방할 수 있다. 하지만 내시경 검사는 시술자의 경험과 집중력에 크게 의존하며, 특히 작은 폴립은 놓치기 쉬웠다.

1998년은 의료 AI 역사에서 중요한 해였다. FDA가 최초로 유방암 검진용 CAD 시스템인 R2 테크놀로지(R2 Technology)의 이미지체커(ImageChecker)를 승인한 것이다(Freer & Ulissey, 2001). 이는 AI가 실제 임상에서 사용되는 중요한 이정표였다. 승인받은 시스템은 디지털화된 유방조영술 영상에서 의심스러운 부위를 표시해 방사선 전문의가 재검토하도록 했다. CAD는 '제2의 눈' 역할을 하며, 방사선 전문의가 다시 한 번 살펴볼 필요가 있는 특징을 식별하는 '맞춤법 검사기'처럼 작동했다(iCAD, 2024). CAD 시스템은 완벽하지 않았다. 민감도는 높았지만 특이도가 낮아 가양성(false positive)이 많았고, 이는 불필요한 추가 검사로 이어질 수 있었다. 그럼에도 불구하고 CAD는 의사의 '제2의 눈' 역할을 하며 놓치기 쉬운 병변을 찾는 데 도움을 주었다. 특히 경험이 적은 의사나 피로한 상황에서 도움이 되었다.

기계학습의 도입: 규칙에서 학습으로

2000년대 들어 의료 AI는 근본적인 패러다임 전환을 겪었다. 전문가가 규칙을 입력하는 대신, 알고리즘이 데이터에서 패턴을 학습하는 방식으로 바뀌었다. 이는 단순한 기술적 변화가 아니라 의료 AI를 바라보는 철학의 변화였다.

이 변화의 배경에는 세 가지 중요한 요인이 있었다. 첫째는 의료 데이터의 디지털화였다. 전자의무기록(EMR)의 도입으로 환자의 병력, 검사 결과, 영상 자료 등이 디지털 형태로 저장되기 시작했다. 이는 대규모 데이터 분석을 가능하게 했고, 기계학습 알고리즘이 학습할 수 있는 풍부한 자료를 제공했다.

둘째는 컴퓨팅 파워의 급격한 증가였다. 무어의 법칙에 따라 컴퓨터 성능이 기하급수적으로 향상되면서, 이전에는 불가능했던 복잡한 알고리즘의 실시간 처리가 가능해졌다. 특히 의료 영상처럼 대용량 데이터를 다루는 분야에서 이는 결정적인 변화를 가져왔다.

셋째는 새로운 기계학습 알고리즘의 등장이었다. 서포트 벡터 머신(Support Vector Machine, SVM)은 고차원 공간에서 데이터를 분류하는 강력한 도구로, 의료 영상에서 정상과 비정상을 구분하는 데 탁월한 성능을 보였다. 랜덤 포레스트(Random Forest)는 여러 개의 의사결정 트리를 결합해 더 정확한 예측을 가능하게 했으며, 특히 다양한 임상 변수를 고려해야 하는 예후 예측에 유용했다.

이 시기의 가장 중요한 성과는 임상 예측 모델의 발전이었다. 예를 들어, 프레밍엄 위험도 점수(Framingham Risk Score)는 심혈관 질환 위험도를 예측하는 전통적인 통계 모델이었는데, 기계학습을 적용하면서 더 많은 변수를 고려하고 더 정확한 예측이 가능해졌다. 암 환자의 생존 예측, 수술 후 합병증 위험 평가, 재입원 가능성 예측 등 다양한 분야에서 기계학습 모델이 개발되었다.

이러한 모델들은 전문가 시스템과 비교해 몇 가지 중요한 장점이 있었다. 무엇보다 개발이 훨씬 쉬웠다. 전문가와의 긴 인터뷰나 지식의 명시화 과정 없이도 기존 데이터만으로 모델을 만들 수 있었다. 또한 새로운 데이터가 추가되면 모델을 재학습시켜 성능을 지속적으로 개선할 수 있었다. 이는 의학 지식이 빠르게 변화하는 현실에 더 적합한 접근법이었다.

그러나 기계학습도 한계가 있었다. 가장 큰 문제는 '블랙박스' 특성이었다. SVM이나 신경망 같은 복잡한 모델은 왜 그런 예측을 했는지 설명하기 어려웠고, 이는 의료 분야에서 심각한 문제였다. 의사들은 AI의 추천을 그대로 따르기보다는 그 이유를 이해하고 싶어 했다. 또한 학습 데이터의 품질과 대표성 문제도 있었다. 특정 병원이나 인구 집단의 데이터로 학습한 모델이 다른 환경에서도 잘 작동할지는 불확실했다.

이 시기는 의료 AI가 규칙 기반에서 데이터 기반으로 전환하는 과도기였다. 완벽하지는 않았지만, 이러한 경험들은 다가올 딥러닝 혁명을 위한 중요한 토대가 되었다. 데이터의 중요성을 인식하게 되었고, 대규모 의료 데이터베이스 구축이 시작되었으며, 의료진들도 AI를 진료 보조 도구로 받아들이기 시작했다. 이 모든 것이 2010년대의 폭발적인 발전을 가능하게 한 밑거름이었다.

의료 AI의 재도약(2010년대): 딥러닝 이전의 마지막 준비

빅데이터 시대의 도래

2010년대 초반, 의료 분야는 빅데이터 시대로 접어들었다. 전자의무기록의 보편화, 의료 영상의 완전한 디지털화, 유전체 데이터의 폭발적 증가가 동시에 일어났다. 이는 딥러닝 혁명을 위한 완벽한 토양이 되었다.

이 시기에 등장한 의료 AI 시스템들은 이전과는 다른 특징을 보였다. 첫째로 주목할 만한 것은 2013년에 등장한 IBM 왓슨 포 온콜로지(Watson for Oncology)였다. 이 시스템은 자연어 처리와 기계학습을 결합해 암 치료 권고를 제공했다. 왓슨은 수백만 페이지의 의학 문헌과 수천 개의 임상 사례를 학습하여, 환자의 상태에 맞는 치료 옵션을 제시할 수 있었다(Chen et al, 2016). 비록 초기의 기대만큼 혁명적이지는 않았지만, 대규모 의학 지식을 처리하고 활용하는 AI의 가능성을 보여 주었다 (Ross & Swetlitz, 2017).

둘째로 흥미로운 시도는 구글 플루 트렌드(Google Flu Trends)였다. 2008년부터 2015년까지 운영된 이 서비스는 사람들의 검색 패턴을 분석해 독감 유행을 예측하려 했다(Ginsberg et al, 2009). '독감 증상', '해열제' 같은 검색어의 빈도를 추적해 공식 통계보다 빠르게 독감 확산을 감지하고자 했다. 결과적으로는 실패했지만, 이 프로젝트는 중요한 교훈을 남겼다(Lazer et al, 2014). 의료 데이터가 병원 밖에도 존재하며, 이를 활용하면 새로운 통찰을 얻을 수 있다는 것이었다. 동시에 맥락과 빅데이터의 역동성을 고려하지 않은 데이터 분석의 위험성도 보여 주었다.

셋째는 임상 의사 결정 지원 시스템의 실용적 발전이었다. 이 시기의 시스템들은 거창한 목표보다는 실용적인 문제 해결에 집중했다. 약물 상호작용 경고, 진료 지침 추천, 검사 결과 이상치 알림 등이 대표적이었다. 이러한 기능들은 의사의 일상적인 실수를 줄이고 진료의 질을 향상시키는 데 실질적인 도움을 주었다.

전문가 시스템의 유산과 현대적 의미

흥미롭게도, 1980년대에 한계를 드러낸 규칙 기반 시스템은 완전히 사라지지 않았다. 오히려 기계학습과 결합된 하이브리드 형태로 진화했다. 의료 분야의 특성상 설명 가능성과 신뢰성이 중요하기 때문에, 전문가 지식과 데이터 기반 학습을 결합하는 접근이 여전히 유용했다.

예를 들어, 현대의 임상 의사 결정 지원 시스템들은 기계학습으로 패턴을 발견하되, 의학적 지식으로 그 결과를 검증하고 설명한다. 심전도 해석 시스템은 딥러닝으로 이상 패턴을 감지하지만, 최종 진단은 확립된 의학적 기준에 따라 내린다. 이러한 하이브리드 접근은 AI의 능력과 의학적 엄밀성을 모두 만족시킬 수 있었다.

또한 전문가 시스템 시대가 남긴 유산과 맥락은 오늘날에도 살아 있다. 첫째로 의학 온톨로지가 있다. SNOMED

CT, ICD, LOINC 등 표준화된 의학 용어 체계는 전문가 시스템 시대에 개발되거나 정교화되었다. 이러한 온톨로지는 현재도 의료 정보 시스템의 핵심 인프라로 사용되며, AI 시스템이 의학 개념을 이해하는 기반이 된다.

둘째로 임상 의사 결정 규칙이 있다. 증거 기반 의학을 구현하는 이러한 규칙들은 전문가 시스템의 직접적인 후손이다. 현대의 전자의무기록 시스템에 내장된 알림과 권고 기능들은 대부분 이러한 규칙에 기반한다.

셋째로 블랙박스 AI에 대한 건전한 경계심이다. 전문가 시스템이 설명 기능을 강조했던 경험은 오늘날 딥러닝의 불투명성에 대한 우려로 이어진다. 의료 AI 커뮤니티가 다른 분야보다 설명 가능성을 더 강조하는 것은 이러한 역사적 경험 때문이다.

의료가 AI 발전에 기여한 개념들

의료 AI 연구는 단순히 AI를 응용하는 것을 넘어 AI의 근본적인 문제들을 해결하는 데 영감을 주었다.

첫째는 불확실성 추론이다. 의학적 진단은 본질적으로 불확실하다. 같은 증상도 여러 질병의 가능성을 내포하고, 검사 결과도 100% 확실하지 않다. 이러한 의학의 특성은 AI 연구자들로 하여금 불확실성을 다루는 정교한 방법론을 개발하도록 이끌었다. 베이즈 네트워크, 퍼지 논리, 증거 이론 등 불확실성을 다루는 AI 기법들의 발전에 의료 분야가 중요한 동기를 제공했다.

둘째는 지식 표현의 문제다. 의학 지식은 방대하고 복잡하며 계속 변화한다. 이를 컴퓨터가 이해하고 활용할 수 있는 형태로 표현하는 것은 큰 도전이었다. 의료 AI 연구자들은 의학 온톨로지, 시맨틱 네트워크, 프레임 기반 표현 등 다양한 지식 표현 방법을 개발했고, 이는 AI의 다른 분야에도 영향을 미쳤다.

셋째는 설명 가능성의 중요성이다. 의사들은 AI가 내린 결론을 맹목적으로 따를 수 없다. 환자의 생명이 걸린 결정에서는 그 이유를 이해해야 한다. 이러한 의료 분야의 요구는 설명 가능한 AI(Explainable AI, XAI) 연구를 촉진했다. 오늘날 모든 고위험 AI 응용 분야에서 요구되는 설명 가능성의 개념은 의료 AI에서 시작되었다고 해도 과언이 아니다.

과거를 아는 자가 미래를 만든다

의료 AI의 역사는 단순한 기술 발전사가 아니다. 이는 인간의 건강을 개선하려는 끊임없는 노력과, 그 과정에서 만난 도전과 극복의 이야기다. MYCIN에서 시작된 꿈—

컴퓨터가 의사를 도와 더 나은 진료를 제공하는 것—은 형태를 바꾸며 계속되고 있다.

우리가 생각하는 것보다 의료 AI의 역사는 길고, 그 영향은 깊다. 과거의 실패에서 배운 교훈들, 성공에서 얻은 통찰들, 그리고 끊임없는 도전 정신이 오늘날 의료 AI의 토대가 되었다. 전문가 시스템의 설명 가능성, CAD 시스템의 실용성, 기계학습의 적응성, 이 모든 것이 현재의 AI 시스템에 녹아 있다. 다음으로는 이러한 긴 역사가 만들어 낸 현재의 의료 AI가 실제 임상에서 어떤 성과를 보이고 있는지 구체적으로 살펴볼 것이다. 딥러닝 혁명이 가져온 놀라운 발전과 함께, 여전히 남아 있는 과제들도 함께 다룰 것이다. 과거를 이해함으로써 우리는 미래를 더 잘 준비할 수 있을 것이다.

참고문헌

Armato, S. G., et al.(2004). Lung nodule detection on chest radiographs. *AJR Am J Roentgenol*, 182(2), 505–509.

Buchanan, B. G., & Shortliffe, E. H.(1984). *Rule-Based Expert Systems: The MYCIN Experiments of the Stanford Heuristic Programming Project*. Reading, MA: Addison-Wesley.

Chen, Y., et al.(2016). IBM Watson: How cognitive computing can be applied to big data challenges in life sciences research. *Clinical Therapeutics*, 38(4), 688–701.

Freer, T. W., & Ulissey, M. J.(2001). Screening mammography with computer-aided detection. *Radiology*, 220(3), 781-786.

Ginsberg, J., et al.(2009). Detecting influenza epidemics using search engine query data. *Nature*, 457(7232), 1012-1014.

iCAD(2024). What is CAD? Computer-Aided Detection for Mammography.

Lazer, D., et al.(2014). The parable of Google Flu: Traps in big data analysis. *Science*, 343(6176), 1203-1205.

Ledley, R. S., & Lusted, L. B.(1959). Reasoning foundations of medical diagnosis. *Science*, 130(3366), 9-21.

Lindsay, R. K., et al.(1980). *Applications of Artificial Intelligence for Organic Chemistry: The DENDRAL Project*. New York: McGraw-Hill.

Miller, R. A., et al.(1982). INTERNIST-1: an experimental computer-based diagnostic consultant for general internal medicine. *New England Journal of Medicine*, 307(8), 468-476.

Ross, C., & Swetlitz, I.(2017). IBM pitched its Watson supercomputer as a revolution in cancer care. It's nowhere close. STAT News Investigation.

Shortliffe, E. H.(1976). *Computer-based medical consultations: MYCIN*. New York: Elsevier.

Skaane, P, et al.(2019). Computer-aided detection in mammography. *AJR Am J Roentgenol*, 212(2), 259-265.

02
의료 인공지능의 사례

의료 인공지능은 스타트업의 혁신적 솔루션과 빅테크 기업의 플랫폼이 결합하면서 2024년 205억 달러 규모에서 2030년 1,880억 달러로 성장할 것으로 예측되는 거대한 산업 생태계를 형성하고 있다. FDA와 식약처 승인 사례부터 알파폴드의 단백질 구조 예측까지 실제 현장에 적용된 AI 기술들을 통해 AI가 어떻게 의료 현장의 실질적 변화를 이끌고 있는지를 고찰한다.

노래하는 AI 보컬?

현재의 의료 인공지능(AI in healthcare)은 단순히 미래 기술이 아니라 현장 적용에 진입한 정밀 의료의 전초전과 같다. 의료 인공지능은 스타트업의 혁신적 솔루션과 빅테크 기업의 플랫폼이 결합하면서 2024년 205억 달러 규모에서 2030년 1,880억 달러로 성장할 것으로 예측되는 거대한 산업 생태계를 형성하고 있다(Statista, 2024). 병원에서 사용 중인 AI 기반 진단 보조 시스템, 피부암이나 안저 사진을 판독하는 앱, 수술 중 집도의 손떨림을 보정하는 로봇까지, 이제 의료 인공지능은 현실 속에서 생명을 구하고, 효율을 높이며, 의료의 불균형을 줄이는 데 사용되고 있다.

실제로 임상 현장에 적용되고 있거나, 식약처 혹은 FDA 등 공공 기관으로부터 공식 승인을 받은 의료 AI 시스템들을 살펴본다. 이러한 사례를 통해 의료 인공지능이 어떻게 정밀 의료의 기반이 되어 가고 있는지를 진단하고, 유전체, 영상, EHR 등 각 세부 분야에서 AI가 어떤 방식으로 적용되는지 전체적인 청사진을 제시한다. 각 사례가 보여 주는 가능성과 한계를 통해 우리는 의료 AI의 현주소와 미래를 가늠해 볼 수 있을 것이다.

AI 의료기기, '승인'이라는 관문을 넘다

미국 FDA는 2018년, 세계 최초로 안과용 자가진단 AI 시스템인 IDx-DR을 승인했다(U. S. Food and Drug Administration, 2018). 당뇨병성 망막병증을 안과 전문의의 개입 없이도 판독할 수 있다는 점에서 획기적인 사례였다. 해당 기기는 정상 혹은 이상 여부를 분석하는 평균 민감도 87.4%로 당뇨병성 망막병증을 진단하고 있으며(Abramoff et al, 2018), 이후 EyeArt, AEYE Health 등 유사 자가진단 AI 기기까지 총 3건이 FDA 승인을 받았다(U. S. Food and Drug Administration, 2021). 이후 FDA는 'Softwarc as a Medical Device(SaMD)'라는 분류 아래 AI 기반 소프트웨어를 별도로 관리하기 시작했으며(U. S. Food and Drug Administration, 2020), 2024년 8월 기준 1,016건의 AI/ML 의료기기 승인을 기록했고, 이 중 영상진단·분석 분야가 84%를 차지하고 있다(Joshi et al, 2024). 심혈관 분야에서도 얼라이브코어(AliveCor)의 Kardia ECG 시스템이 2024년 6월 FDA 최초로 12채널 AI 판독 승인과 CPT 코드 부여를 받는 등 비영상 분야로도 확대되는 중이다. 디지털 청각 분야에서는 에코 헬스(Eko Health)의 AI 청진기가 2023~2024년에 걸쳐 심부전 및 잡음 분석 기능을 FDA 승인을 통해 상용화했다. 유럽연합(EU) 역시 2021년 신의료기기규정(MDR, Medical Device Regulation (Regulation (EU) 2017/745)) 시행을 통해 AI 의료기기 규제에 본격 착수했으며, CE 인증(Certification Européenne)을 받은 독립형 AI 진단 시스템이 늘고 있다(Chakravarty et al, 2017). 예를 들어 당뇨망막병증, 폐결절, 심장질환 분야에서 미국과 유사한 자가진단 AI들이 CE 인증을 받았다.

한국도 2020년 식품의약품안전처(MFDS)에서 발표한 「AI · 빅데이터 기반 의료기기 허가 · 심사 가이드라인」을 계기로 의료 인공지능 기기 분야에서 빠르게 제도적 기반을 갖추며 성장해 왔다. 2024년 기준 국내에서 승인된 AI 기반 의료기기는 약 130건에 이르며, 이는 연평균 20~30%의 증가 추세를 반영한 것이다(보건복지부, 2024). 특히 영상 진단 분야에서의 보조 진단 솔루션은 판독 효율을 높이고, 일선 의료 인력의 과중한 부담을 덜어 주는 방식으로 보급되고 있다. 대표적인 사례로는 루닛의 'Lunit INSIGHT CXR'(PR Newswire, 2021), 뷰노의 'VUNO Med-DeepBrain' 등이 있다(PR Newswire, 2023), 또한 딥노이드는 2019~2022년 사이에 13건의 AI 의료기기를 승인받았고 현재 15개의 DEEP AI 제품을 보유하고 있으며(히트뉴스, 2020), 메디컬아이피는 2025년 간

암 예측 AI 2종을 3등급 의료기기로 허가받았으며(더바이오, 2025), 웰트는 2022년 디지털 치료제 '웰트-I'를 혁신의료기기로 지정받고, 2023년 식약처 허가를 획득했다(메디칼업저버, 2023). 이처럼 국내 의료 인공지능 산업은 영상 중심에서 출발해 간암 예측처럼 체내 질환 예측 · 관리, 수술 보조, 디지털 치료까지 빠르게 응용 영역을 넓혀 가고 있으며, 규제 과학과 기술의 동반 신화를 통해 정밀 의료의 일상화를 앞당기고 있다.

진입하는 스타트업, 무대에 오른 빅테크

글로벌 의료 AI 시장은 빠르게 성장 중이다. 시장조사업체 스태티스타(Statista)에 따르면, 2024년 의료 인공지능 시장 규모는 약 205억 달러에 달했으며, 2030년에는 1,880억 달러 이상으로 9배 이상 성장할 것으로 전망된다(Statista, 2024). 이 같은 폭발적인 성장은 스타트업들의 혁신과 함께 구글, 마이크로소프트 같은 빅테크 기업들의 전략적 진입에 의해 가속되고 있다.

구글은 산하 조직인 딥마인드 헬스(DeepMind Health)와 구글헬스(Google Health)를 통해 의료 영상 분석, 안저 이미지 판독, 피부 병변 진단 등의 연구 개발을 지속해 왔으며, 파트너 병원들과 협력해 LLM 기반 임상 요약 시스템과 AI 보조 진료 문서화 기능을 시범 도입하고 있다(Google Health Blog, 2024). 특히 안과와 피부과 영역에서 CE 인증을 받은 AI 모델을 인도, 태국 등 의료 접근성이 낮은 지역에 적용해 1차 진료 수준의 의료 형평성을 높이는 데 기여하고 있다.

마이크로소프트는 2022년 의료 음성인식 기업 뉘앙스(Nuance)를 약 197억 달러에 인수한 이후, 애저(Azure) 기반 의료 클라우드 플랫폼과의 통합을 통해 본격적인 시장 확장에 나섰다. 2025년 상반기에는 뉘앙스의 대표 제품인 'Dragon Medical One'을 발전시킨 'Dragon Copilot'을 출시하며, 음성 기반 임상 문서 자동화, 요약, 다국어 통역, 처방 명령 입력 기능을 포함한 종합형 AI 어시스턴트로 확장했다(Microsoft Industry Blogs, 2025). 현재 이 솔루션은 미국, 캐나다를 중심으로 병원에 상용 도입되었으며, 유럽 진출도 추진 중이다.

아마존 역시 의료 데이터 플랫폼 구축에 박차를 가하고 있다. 클라우드 기반 서비스인 아마존 헬스레이크(Amazon HealthLake)를 통해 의료기관의 전자의무기록(EHR), 임상 노트, 처방 데이터를 FHIR 표준에 맞게 구조화하고, NLP와 머신러닝 기반 예측 모델링을 지원하는 플랫폼으로 확대 중이다(AWS, 2025). 주로 병원 정보시스템의 AI 활용 기반 인프라를 제공하는 전략이다.

애플은 하드웨어 중심의 헬스케어 생태계를 점진적으로 확장하고 있다. 애플워치와 아이폰의 헬스(Health) 앱을 중심으로 심박수, 심전도, 수면, 운동량, 주기 추적 등의 데이터를 수집하며, 이를 헬스키트(HealthKit), 리서치키트(ResearchKit), 케어키트(CareKit) 등의 플랫폼과 연계해 연구기관 및 의료기관에 통합 가능한 구조를 제공한다(Brady et al, 2025). 사용자의 개인 건강기록(PHR)을 스마트폰으로 직접 관리할 수 있도록 설계되어 있으며, FHIR 기반 병원 연동 기능도 일부 국가에서 활성화되고 있다(Apple Inc., 2024).

이처럼 빅테크는 기술력뿐 아니라 클라우드 인프라, 개인 디바이스 생태계, 규제 대응 역량까지 앞세워 의료 현장 내 실질적 변화의 중심축으로 부상하고 있다. 스타트업이 개별 문제 해결형 솔루션에 집중하고 있다면, 빅테크는 의료 데이터의 수집-처리-해석-활용 전 주기를 아우르는 구조적 전환을 주도하고 있는 셈이다.

알파폴드: 단백질 구조 예측의 혁명

2021년, 딥마인드의 알파폴드2는 50년 난제였던 단백질 구조 예측 문제를 사실상 해결했다(Jumper et al, 2021).

단백질의 아미노산 서열만으로 3차원 구조를 원자 수준의 정확도로 예측하는 이 AI는 구조생물학 분야의 판도를 바꾸었고, 기존 계산생물학 · 물리학 · 의약화학 간 경계를 허물며 융합의 본질을 구현한 대표 사례로 손꼽힌다.

의학적 의미도 막대하다. 단백질 구조를 안다는 것은 질병의 분자적 메커니즘을 이해하고, 표적 치료제를 정밀하게 설계할 수 있다는 뜻이기 때문이다. 알파폴드는 인간 단백질체(proteome)의 98.5%에 해당하는 구조를 예측해 데이터베이스로 공개했고, 이는 신약 개발의 지평을 획기적으로 확장했다.

이 혁신은 AI 기술이 기초과학의 진보에 실질적으로 기여한 역사적 사례로 기록되었고, 이를 개발한 딥마인드의 데미스 허사비스(Demis Hassabis)와 존 점퍼(John Jumper)는 '단백질 구조 예측'의 공로로, 데이비드 베이커(David Baker)는 '단백질 설계 알고리즘' 개발로 2024년 노벨 화학상을 공동 수상했다. 현재 제약 산업에서는 알파폴드를 활용해 희귀질환 단백질, 항생제 내성 박테리아, 암 관련 변이 단백질 등의 구조를 예측하고, 새로운 치료 표적을 발굴하려는 노력이 활발히 진행 중이다.

수술실의 AI: 다빈치 로봇의 혁신과 진화

로봇 수술은 인공지능이 하드웨어와 결합해 만들어 낸 가장 물리적인 혁신이다. 대표적인 예가 인튜이티브 서지컬(Intuitive Surgical)의 다빈치 수술 로봇이다. 2000년 미국 FDA의 허가를 받은 이후 전 세계 70여 개국에 7,500대 이상이 설치되었으며, 2023년 한 해에만 약 200만 건 이상의 수술이 다빈치 시스템을 통해 수행되었다(Intuitive Surgical, 2024). 초기에는 전립선암 수술 중심이었으나, 현재는 부인과, 위장관, 폐 수술 등 다양한 분야로 확대되었으며, AI 기반 피드백 시스템이 탑재되어 집도의의 손 떨림을 보정하고, 정밀한 절개 경로를 실시간으로 안내하는 기능이 강화되고 있다. 로봇의 눈과 AI의 두뇌가 만나면서 수술은 점점 더 정밀하고 안전해지고 있다.

AI와 환자의 일상적 접점

환자가 병원을 방문하기 전부터 인공지능은 이미 작동하고 있다. 피부 병변을 스마트폰으로 촬영해 분석하는 앱 'SkinVision'은 유럽 CE 인증을 획득했으며, 흑색종 감별에서 95% 이상의 민감도를 보였다는 연구 결과도 보고된 바 있다(Thissen et al, 2022). 당뇨 환자를 위한 혈당 예측 알고리즘은 연속혈당측정기(CGM)에 탑재되어 실시간 경고 기능을 제공하고 있으며, AI 챗봇은 간단한 문진 자동화를 통해 환자 상담의 시작점을 재설계하고 있다. 국내에서는 건강보험심사평가원이 AI 기반 진료비 심사 시스템을 도입해 부적절 청구 탐지의 정확도를 기존 대비 20% 이상 향상시킨 사례가 보고되었다.

2020년 COVID-19 팬데믹은 의료 AI의 기능과 실효성을 시험할 수 있었던 중요한 분기점이었다. 팬데믹 초기, 진료 초기의 임상정보만으로 예후를 추정함으로써 병상 자원 배분과 중증도 조절에 도움을 주기 위한 연구들이 수행되었다. 영국의 ISARIC4C 컨소시엄은 수만 명의 환자 데이터를 분석해 입원 초기 환자의 중증도와 인공호흡기 필요 여부를 예측하는 예후 모델을 구축했고 중국 연구팀은 흉부 CT 영상에 기반해 PCR 검사 결과가 나오기 전에 COVID-19 폐렴의 가능성을 선별하는 모델을 제시했다.

더 실제적인 성과는 치료제 개발 영역에서 드러났다. 영국의 스타트업 기업인 베네볼런트AI(BenevolentAI)는 자사의 AI 플랫폼과 지식그래프 기반 탐색 시스템을 활용하여 COVID-19 치료에 재창출이 가능한 후보 물질로 '바리시티닙(baricitinib)'을 48시간 만에 도출해 냈다

(Richardson et al, 2020). 이후 미국 국립보건원(NIH) 주도의 ACTT-2 임상시험에서 바리시티닙은 렘데시비르와 병용 투여 시 회복 기간 단축 효과를 보였고, 이어진 COV-BARRIER 시험에서는 중증 COVID-19 환자 대상 사망률을 최대 38%까지 감소시키는 결과를 보여 2020년 11월 미국 FDA로부터 긴급사용승인(EUA)을 획득하며, AI가 제안한 치료제가 실제로 환자 치료에 사용된 세계 최초 사례 중 하나로 기록되었다.

기술 너머의 질문들

이처럼 의료 인공지능은 환자와의 첫 접점에서부터 예후 판단, 약물 탐색과 임상시험을 거쳐 치료에 이르기까지 일련의 의료 여정을 통합적으로 연결하며 실질적인 변화의 가능성을 보여 주고 있다. 하지만 기술의 확산이 곧 신뢰의 확보를 의미하지는 않는다. AI의 판단에 누가 책임을 질 것인가, 모델이 어떤 데이터로 학습되었는지 환자가 알 권리는 있는가, 그리고 충분히 설명 가능한가. 이 질문들은 단순히 기술이 더 좋아지면 해결될 문제가 아니다. 기술을 감시하고 통제하는 제도, 교육, 사회적 감수성까지 포함해야 한다. 정밀 의료는 기술만으로 완성되지 않는다. 이 책은 이후 기술의 내막을 하나씩 들여다보고, 마지막에 가서는 이 질문들로 다시 돌아올 것이다.

참고문헌

더바이오(2025.5.21). 메디컬아이피, '간암 예측 AI'로 식약처 3등급 의료기기 허가… "세계 최초".

메디칼업저버(2023.4.19). 식약처, 국내 2번째 디지털치료기기로 웰트 'WELT-I' 허가.

보건복지부(2024.9). 의료 인공지능 연구개발 로드맵(2024~2028).

히트뉴스(2020.9.10). 인공지능(AI) 적용 의료기기 53건 허가… 딥노이드, 13건 최다.

Abràmoff, M. D., et al.(2018). Pivotal trial of an autonomous AI-based diagnostic system for detection of diabetic retinopathy in primary care offices. *npj Digital Medicine*, 1, 39.

Apple Inc.(2024). ResearchKit and CareKit: Overview. https://www.researchandcare.org/

AWS(2025). AWS HealthLake: FHIR storage and interoperable health data standards.

Brady, R. R., et al.(2025). Feasibility, adherence and usability of an observational digital health study built using Apple's ResearchKit among adults aged 18–84 years. *Frontiers in Digital Health*, 7, e1234567

Google Cloud Blog(2023.12.13). Introducing MedLM for the healthcare industry.

Google Health Blog(2024.3.19). Google shares 4 updates on generative AI in healthcare.

Intuitive Surgical(2024). Intuitive 2023 Annual Report. https://www.intuitive.com/en-us/about-us/company/annual-report

Joshi, G., et al.(2024). FDA-approved artificial intelligence and machine learning (AI/ML)-enabled medical devices: An updated landscape. *Electronics*, 13(3), 498.

Jumper, J., et al.(2021). Highly accurate protein structure prediction with AlphaFold. *Nature*, 596(7873), 583-589.

Microsoft Industry Blogs(2025.3.3). Meet Microsoft Dragon Copilot: Your new AI assistant for clinical workflow.

PR Newswire(2021.11.15). Lunit gets FDA nod for AI-based chest X-ray triage solution, developed for sorting of emergency cases.

PR Newswire(2023.10.23). VUNO secures FDA 510(k) clearance for VUNO Med-DeepBrain.

Richardson, P. et al.(2020). Baricitinib as potential treatment for 2019-nCoV acute respiratory disease. *The Lancet*, 395(10223), e30-e31.

Statista(2024). Artificial intelligence in healthcare market size worldwide from 2020 to 2030. https://www.statista.com/forecasts/1474143/global-ai-market-size

Thissen, M., et al.(2022). Over-detection of melanoma-suspect lesions by a CE-certified smartphone app: Performance in comparison to dermatologists, 2D and 3D convolutional neural networks in a prospective data set of 1204 pigmented skin lesions involving patients' perception. PMC, Article PMC9367531.

U. S. Food and Drug Administration(2018, April 11). FDA permits marketing of artificial intelligence–based device to detect certain diabetes–related eye problems.

U. S. Food and Drug Administration(2020, August 6). FDA clears EyeArt AI system for diabetic retinopathy screening.

U. S. Food and Drug Administration(2021). Artificial Intelligence/Machine Learning (AI/ML)–Based Software as a Medical Device (SaMD) Action Plan.

03
유전체 혁명: 정밀 의료의 기반

차세대 염기서열 분석(NGS) 기술의 급속한 발전을 출발점으로 한 유전체 혁명의 전모를 탐구하며, 시퀀싱 기술과 함께 표현형 데이터의 체계적 수집, 표준화된 용어 및 지식베이스 구축, 대규모 바이오뱅크 인프라가 어떻게 정밀 의료 실현의 토대를 구축하고 있는지 살펴본다. AI 기반 유전체 분석은 이 모든 인프라를 바탕으로 암 맞춤 치료와 희귀질환 진단에서 성과를 보여 주고 있으며, 유전자 치료의 임상 성공을 통해 치료 패러다임의 근본적 변화를 이끌고 있다.

인공지능과 편향?

인간 게놈 프로젝트: 생명과학 역사상 가장 야심찬 도전

2003년, 인간 게놈 프로젝트(Human Genome Project, HGP)가 마침내 인간 유전체 지도의 초안을 완성했다(International Human Genome Sequencing Consortium, 2004). 이로써 인간의 생물학적 근간을 이루는 약 30억 개의 염기쌍이 해독되었고, 의학은 그 순간부터 완전히 새로운 시대에 진입했다. 당시에는 하나의 유전체를 해독하는 데 10년 이상, 약 30억 달러가 소요되었지만, 현재는 하루 이내에 100달러 이하로도 유전체 해독이 가능해졌다. 유전체 정보는 더 이상 연구실의 전유물이 아니라 의료의 실질적인 도구가 되었고, 정밀 의료라는 새로운 패러다임을 가능하게 한 결정적 토대가 되었다.

인간 게놈 프로젝트는 1990년 시작된 국제 공동연구로, 미국을 중심으로 영국, 프랑스, 독일, 일본, 중국 등이 참여한 인류 역사상 최대 규모의 생물학 연구 프로젝트였다. 당초 15년 계획으로 시작되었지만 13년 만에 완료되었으며, 인간의 23쌍 염색체에 담긴 모든 유전 정보를 해독하여 '생명의 설계도'를 완성하는 것을 지향했다.

프로젝트 완료 당시, 과학자들은 인간이 약 2만~2만

5천 개의 유전자를 가지고 있다는 사실을 밝혀냈다. 이는 당초 예상했던 10만 개보다 훨씬 적은 수였다. 더욱 놀라운 것은 인간과 침팬지의 유전체가 98.8% 일치한다는 사실이었다. 이는 인간의 복잡성이 단순히 유전자 개수에 의해 결정되는 것이 아니라, 유전자들 간의 상호작용과 조절 메커니즘에 달려 있음을 시사했다.

하지만 인간 게놈 프로젝트의 진정한 의미는 완성된 서열 자체보다는 그것이 열어 준 가능성에 있었다. 질병의 유전적 원인 규명, 개인 맞춤형 치료, 유전자 치료의 개발 등 현재 우리가 목격하고 있는 정밀 의료의 모든 것이 이 프로젝트에서 시작되었다고 해도 과언이 아니다.

차세대 염기서열 분석: 게임의 룰을 바꾼 기술 혁신

정밀 의료를 가능하게 한 핵심 기술 중 가장 먼저 주목해야 할 것은 NGS(Next Generation Sequencing), 즉 차세대 염기서열 분석이다(Goodwin et al, 2016). NGS는 지난 20년간 유전체 의학의 발전을 이끌어 온 주축 기술로, 기존 생어(Sanger) 방식에 비해 속도와 비용 면에서 획기적인 향상을 가져왔다. 희귀질환, 암, 감염병 등 다양한 질환에서 원인 유전자를 찾아내거나 변이를 분석하는 데 활용되고 있으며, 유전체 기반 진단의 접근성과 정확도를 크게 높였다. 이제는 '병명을 모르던 아이들에게 병명을, 치료법이 없던 환자들에게 실마리를' 제공하는 데 유전체 분석이 실질적인 역할을 하고 있다.

NGS가 혁명적인 이유를 이해하려면 먼저 기존 방식의 한계를 알아야 한다. 인간 게놈 프로젝트에서 주로 사용된 생어(Sanger) 시퀀싱은 한 번에 하나의 DNA 조각만 읽을 수 있었다. 마치 책을 한 글자씩 읽는 것과 같았다. 반면 NGS는 수백만 개의 DNA 조각을 동시에 읽을 수 있다. 같은 비유로 설명하면, 수백만 권의 책을 동시에 읽는 것과 같다.

이런 기술적 도약의 핵심은 '대규모 병렬 처리'에 있다. 이전에는 DNA 조각 하나를 클로닝해 증폭시킨 후 하나씩 순차적으로 분석했다면, NGS는 수많은 DNA 조각들을 고체 표면에 고정시키고 증폭과 서열 분석을 동시에 수행한다. 이는 정밀 의료 연구에 필수적인 대규모 유전체 데이터베이스의 구축 역시 가능하게 했다. 영국 바이오뱅크(UK Biobank)는 2006년 시작되어 50만 명의 유전체-임상 통합 데이터로 전 세계 유전체 연구의 표준이 되었으며(Bycroft et al, 2018), 핀란드의 핀젠(FinnGen) 프로젝트는 2017년 출범해 50만 명 규모의 인구 기반 코호트로 북유럽 인구의 독특한 유전적 특성을 활용한 혁신적 연구 결과들을 내놓고 있다. 미국의 올 오브 어스(All of Us) 연구 프로그램은 2018년 본격 시작된 세계 최대 규모의 정밀 의료 연구로 100만 명을 목표로 하며, 특히 소수 인종의 유전체 다양성 확보에 중점을 두고 있다. 우리나라도 국가 바이오 빅데이터 구축 사업을 통해 2024년부터 100만 명 규모의 유전체-임상 통합 데이터 확보를 목표로 추진 중이며, 질병관리청과 건강보험공단의 유전체 코호트 연구도 활발히 진행되어 연구자들에게 데이터를 분양하여 국내 정밀 의료 연구의 활성화를 도모하고 있다.

NGS의 또 다른 혁신은 다양한 분석 범위를 제공한다는 점이다. 전체 게놈을 분석하는 WGS(Whole Genome Sequencing)는 30억 개 염기쌍을 모두 읽어 내지만, 단백질을 암호화하는 부분만 분석하는 WES(Whole Exome Sequencing)는 전체 게놈의 약 1~2%에 해당하는 영역만 집중적으로 분석한다. 특정 질병과 관련된 유전자들만 선별해서 분석하는 타깃 패널은 더욱 효율적이고 경제적인 선택지를 제공한다.

타깃 시퀀싱(Panel Sequencing)의 대중화는 유전체 검사를 특정 연구기관의 전유물에서 벗어나, 일반 병리

검사와 유사한 수준으로 의료 현장에 정착시키는 계기를 만들었다. 유방암 환자의 경우, 진단 직후 실시되는 HER2 유전자 검사 결과에 따라 허셉틴(trastuzumab)과 같은 표적 치료제의 투여 여부가 결정되며, BRCA1/2 유전자 검사는 유전성 유방암·난소암의 위험을 평가하기 위한 필수 검사로 자리 잡았다.

이러한 유전체 정보의 영향력은 대중적 인식에서도 확인할 수 있다. 2013년, 배우 안젤리나 졸리는 BRCA1 유전자에 병적 변이가 있음을 알게 된 후, 예방적 양측 유방절제술을 받고 그 사실을 뉴욕타임스 기고문을 통해 공개했다. 이 사건은 유전체 기반 예방의학의 가능성과 윤리적 논의 모두를 촉발하며 전 세계에 큰 반향을 일으켰다. 국내에서도 변화는 뚜렷하다. 2017년부터 BRCA1/2 유전자 검사가 건강보험 급여 대상에 포함되었으며, 2019년에는 폐암 환자를 대상으로 EGFR과 ALK 유전자 검사가, 2021년에는 대장암 환자의 KRAS 유전자 검사가 각각 급여로 인정되었다. 이는 유전체 기반 진단과 표적 치료가 특정 병원이나 고가의 자가 부담 영역이 아니라 표준 진료의 일부로 편입되고 있음을 보여 주는 상징적인 변화다.

이러한 변화로 더욱 기대되는 점은 단일세포 시퀀싱

(single-cell sequencing) 기술의 등장이다. 10x 지노믹스(10x Genomics)의 크로미움(Chromium) 플랫폼은 수만 개의 개별 세포에서 동시에 유전자 발현을 측정할 수 있게 함으로써, 종양 내 이질성(tumor heterogeneity) 분석과 발생생물학 연구에 새로운 차원을 열었다. 이 기술은 암세포가 치료에 저항하는 메커니즘을 이해하고, 재발과 진이의 분자적 기전을 밝히는 데 핵심적인 역할을 하고 있다.

유전자 변이에서 질병 예측까지: AI가 해독하는 게놈의 언어

3억 개가 넘는 염기쌍으로 구성된 인간 게놈에서 의미 있는 정보를 추출하는 것은 전통적인 분석 방법으로는 불가능한 일이다. 이 방대한 데이터의 바다에서 질병이나 건강 현상과 관련된 패턴을 찾아내는 변이 해석(Variant Interpretation)이 바로 AI 기반 유전체 정보 분석의 핵심 과제다. 사람마다 수백만 개의 유전 변이를 가지고 있는데, 이 중 어떤 것이 질병과 관련이 있는지 판단하기는 쉽지 않다. AI는 기존 유전체 데이터베이스, 단백질 구조 정보, 진화적 보존 정도 등을 종합해 변이의 병원성을 예측한다.

구글의 딥바리언트(DeepVariant)는 시퀀싱 데이터에서 유전변이를 정확하게 식별하는 딥러닝 모델로, 기존 룰 기반 방법들보다 현저히 높은 정확도를 보여 준다(Poplin et al, 2018). 이 도구는 2016년 공개된 이후 지속적으로 개선되어 현재는 99.5% 이상의 정확도로 단일 염기변이(SNV)를 탐지할 수 있다. 특히 임상 진단에서 중요한 구조변이(structural variants) 탐지 분야에서도 성능이 크게 향상되어, 복잡한 유전질환의 진단에 실질적으로 활용되고 있다. 그 외에도 엔비디아(NVIDIA)의 패러브릭스(Parabricks)와 같은 GPU 가속 파이프라인은 전체 게놈 분석 시간을 수일에서 수시간으로 단축시키고 있다.

폴리제닉 위험 점수(Polygenic Risk Score, PRS)는 AI를 기반으로 한 유전체 분석의 또 다른 핵심 응용 분야다(Torkamani, 2018). 수천에서 수백만 개의 유전변이를 동시에 고려해 개인의 질병 발생 위험을 예측하는 이 방법은, 단일 유전자 변이로는 설명할 수 없는 복합적 질병의 위험 평가를 가능하게 한다. 예를 들어, 관상동맥질환에 대한 PRS는 전체 인구의 상위 1%에 해당하는 고위험군을 식별할 수 있으며, 이들의 질병 발생 위험은 평균보다 3~5배 높다.

영국의 바이오뱅크 데이터를 활용한 연구에서는 50만 명의 유전체 데이터와 전자의무기록을 연계해 다양한 질병의 PRS를 개발했다. 이 연구 결과, 제2형 당뇨병, 관상동맥질환, 유방암 등 주요 질병에 대해 임상적으로 유의미한 예측 성능을 보이는 PRS가 개발되었고, 일부는 이미 임상에서 활용되기 시작했다.

암 정밀 의료: 종양의 유전적 지문을 읽다

종양 세포는 수많은 유전자 변이를 축적하며, 이러한 변이 패턴이 암의 특성과 치료 반응을 결정한다는 관점에서 생각해 보면 암은 본질적으로 유전자의 질병이라고 해도 과언이 아니다. 종양 유전체 분석을 통한 정밀 의료는 이미 많은 암 환자들의 생존율을 크게 높이고 있다.

이러한 발전의 기반에는 포괄적인 암 유전체 데이터베이스 구축이 있다. COSMIC(Catalogue of Somatic Mutations in Cancer)은 전 세계 암 연구의 핵심 인프라로, 수백만 개의 체세포 변이 정보를 체계적으로 정리하여 제공한다. 미국 국립암연구소(NCI)와 미국암학회(ASCO)는 'actionable variant'라는 개념을 정립하여, 실제 치료 결정에 활용할 수 있는 유전변이들을 분류하고 있다. 이는 단순히 변이를 발견하는 것을 넘어서 임상적으로 의미 있는 변이를 식별하는 데 중요한 역할을 한다.

중요한 것은 발견된 변이들을 올바르게 해석하는 것이다. ClinVar와 OncoKB 같은 임상 의미 해석 데이터베이스는 각 변이의 병원성(pathogenicity)과 약물 반응성을 등급화해 제공한다. 예를 들어, OncoKB는 변이를 Level 1(FDA 승인 바이오마커)부터 Level 4(생물학적 의미는 있으나 임상적 의미 불분명)까지 분류하여 의료진의 치료 결정을 돕는다.

면역항암제의 효과를 예측하는 바이오마커 발굴도 유전체 분석의 중요한 성과다. 종양변이부담(Tumor Mutational Burden, TMB)과 마이크로새틀라이트 불안정성(Microsatellite Instability, MSI) 같은 유전체 기반 바이오마커는 면역관문억제제 치료의 효과를 예측하는 데 활용되고 있다. TMB가 높은 암 환자는 면역항암제에 더 잘 반응하는 경향을 보이며, 이는 변이가 많을수록 면역계가 인식할 수 있는 신생항원(neoantigen)이 많아지기 때문이다.

액체생검(liquid biopsy) 기술의 발전도 주목할 만하다(Wan et al, 2017). 혈액 내에서 순환하는 종양 DNA(circulating tumor DNA, ctDNA)를 분석하여 조직 생검 없이도 종양의 유전적 특성을 파악할 수 있게 되었다. 가

던트360(Guardant360)과 같은 액체생검 플랫폼은 74개 암 관련 유전자의 변이를 혈액 샘플만으로 검출할 수 있으며, 치료 중 종양의 변화를 실시간으로 모니터링하는 데 활용되고 있다.

표적치료제와 신약개발에서 AI의 역할

유전체 정보는 질병 진단을 넘어, 궁극적으로는 새로운 치료제를 개발하는 데 결정적인 역할을 한다. 특히 암 분야에서 표적치료제(targeted therapy)는 유전자 변이에 따라 치료 전략을 맞춤화하는 정밀 의료의 대표적 성과다. HER2 양성 유방암에서 허셉틴(trastuzumab)의 개발은 가장 상징적인 예이며, EGFR, ALK, BRAF, KRAS 등의 변이를 겨냥한 표적치료제들도 이어서 등장하며, 폐암, 대장암, 피부암 등 다양한 암종에서 치료 패러다임을 바꾸어 놓았다.

최근 인공지능은 질환 관련 수용체의 구조 예측과 신약 후보 물질 탐색 과정에 점점 더 적극적으로 활용되고 있다(Jumper et al, 2021). 예컨대, 제2형 당뇨병 및 비만 치료의 주요 표적인 GLP-1 수용체에 대해 알파폴드 기반 구조 예측이 이뤄지면서, 약물의 작용 메커니즘 이해와 새로운 작용제 설계가 가능해졌다. AI 약물 설계 플랫폼의 구축과 활용이 주목받고 있으며 이를 바탕으로 세마글루타이드(semaglutide) 유사체를 설계하고 활성을 검증하는 사례가 등장하는 등, AI는 단백질 구조 기반의 타깃 예측, 약물 후보 발굴, 그리고 작용 기전 탐색에 이르기까지 신약 개발의 여러 단계의 효율화를 지원하고 있다. 특히 복잡한 대사 질환이나 만성 질환 분야에서 그 가능성을 빠르게 확장해 가고 있다.

희귀질환 진단의 새로운 희망

전 세계적으로 약 7,000개의 희귀질환이 알려져 있으며, 이 중 80% 이상이 유전적 원인을 가지고 있다. 과거에는 정확한 진단까지 평균 7~8년이 걸렸던 희귀질환들이 이제는 유전체 분석을 통해 몇 주 내에 진단되는 경우가 늘고 있다.

전체 엑솜 시퀀싱(Whole Exome Sequencing, WES)과 전체 게놈 시퀀싱(Whole Genome Sequencing, WGS)은 희귀질환 진단의 패러다임을 바꾸고 있다. 단백질을 암호화하는 전체 엑솜 영역을 분석하는 WES는 약 50~60%의 희귀질환에서 원인 유전자를 찾아낼 수 있다. 더 넓은 범위를 분석하는 WGS는 진단율을 70% 이상으로 높일 수 있으며, 특히 구조변이나 비암호화 영역의 변이로 인한 질환 진단에 강점을 보인다.

AI는 희귀질환 진단의 정확도를 더욱 높이고 있다. 딥제스탈트(DeepGestalt)는 환자의 얼굴 사진을 분석해 유전증후군을 예측하는 AI 도구로, 200개 이상의 유전증후군을 90% 이상의 정확도로 식별할 수 있다. 이는 소아과 의사들이 희귀질환을 의심할 때 초기 진단 도구로 활용되고 있다.

영국의 10만 게놈 프로젝트(100,000 Genomes Project)는 희귀질환과 암 환자 10만 명의 게놈을 분석하는 대규모 연구로, 2022년 완료되었다(Turro et al, 2020). 이 프로젝트를 통해 약 25%의 희귀질환 환자에서 새로운 진단이 내려졌고, 일부 환자들은 이를 바탕으로 적절한 치료를 받을 수 있게 되었다.

유전자 치료의 실용화: 꿈이 현실이 되다

30년 전 과학자들의 꿈이었던 유전자 치료가 이제 실제 환자들을 치료하는 현실이 되었다. 2012년 글리베라(Glybera)가 세계 최초의 유전자 치료제로 승인된 후, 현재까지 20여 개의 유전자 치료제가 FDA 승인을 받았다.

럭스투르나(Luxturna)는 레버 선천성 흑암시(Leber congenital amaurosis) 환자를 위한 유전자 치료제로, 정상적인 RPE65 유전자를 망막에 직접 주입하여 시력을 회복시킨다. 임상시험에서 치료받은 환자의 약 90%가 시력 개선을 보였으며, 일부는 거의 정상에 가까운 시력을 회복했다. 이 치료제의 성공은 단일 유전자 결함으로 인한 질환에 대한 유전자 치료의 가능성을 명확히 보여주었다.

스핀라자(Spinraza)는 척수성 근위축증(Spinal Muscular Atrophy, SMA) 환자를 위한 안티센스 올리고뉴클레오타이드 치료제로, 유전자 스플라이싱을 조절하여 기능적인 SMN 단백질 생산을 증가시킨다. 가장 중증인 SMA 1형 환자들에서도 운동 기능 개선을 보였으며, 일부 환자는 앉거나 서는 것이 가능해졌다.

CRISPR-Cas9 기반 유전자 편집 치료도 임상에서 성과를 보이고 있다. CTX001은 겸상적혈구병과 지중해빈혈 환자의 조혈모세포를 체외에서 유전자 편집한 후 다시 이식하는 치료법으로, 2023년 FDA 승인을 받았다. 치료받은 환자들은 수혈이 필요 없을 정도로 증상이 개선되었으며, 이는 CRISPR 기술의 첫 임상 승인 사례가 되었다.

CAR-T 세포치료는 환자의 T세포를 유전적으로 개조해 암세포를 공격하도록 하는 혁신적인 치료법이다. 킴

리아(Kymriah)와 예스카르타(Yescarta) 같은 CAR-T 치료제들은 기존 치료에 반응하지 않는 혈액암 환자들에서 70~80%의 관해율을 보이고 있다. 특히 급성 림프구성 백혈병 소아 환자에서는 90% 이상의 관해율을 달성했다.

약물유전학: 개인 맞춤형 처방의 과학

같은 약물을 복용하더라도 사람마다 다른 반응을 보이는 이유는 유전적 차이에 있다. 약물유전학(pharmacogenomics)은 개인의 유전적 특성에 따라 약물의 효과와 부작용을 예측하고 최적의 용량을 결정하는 분야로, 정밀 의료의 핵심 영역 중 하나다(Relling & Evans, 2015).

CYP2D6, CYP2C19, CYP3A4 같은 약물 대사 효소의 유전변이는 약물 대사 속도를 크게 좌우한다. 예를 들어, 클로피도그렐(clopidogrel)은 CYP2C19 효소에 의해 활성화되는데, 이 효소의 기능이 떨어지는 변이를 가진 환자(전체 환자의 약 30%)는 약물 효과가 현저히 감소한다. 이런 환자들에게는 다른 항혈소판제를 사용하거나 용량을 조절해야 한다.

항응고제인 와파린의 경우, VKORC1과 CYP2C9 유전자의 변이에 따라 적정 용량이 10배 이상 차이날 수 있다. FDA는 2007년부터 와파린 처방 시 유전검사를 고려하도록 권고하고 있으며, 유전자 기반 용량 결정 알고리즘이 개발되어 임상에서 활용되고 있다.

미래를 향한 전망: 유전체 의학의 새로운 지평

현재 의학은 정밀 의료로의 패러다임 전환이 가속화하고 있다. 유전체 의학은 여전히 발전하는 분야로, 앞으로 더욱 혁신적인 변화들이 예상된다. 롱 리드 시퀀싱(Long-read sequencing) 등 시퀀싱 기술과 구글 딥마인드의 알파미스센스(AlphaMissense)와 같은 AI 기반 분석법의 발전으로 현재까지 해독하기 어려웠던 복잡한 구조변이나 반복서열 영역들이 명확해질 것이며, 이는 새로운 질병 메커니즘의 발견으로 이어질 것이다.

에피게놈(epigenome) 분석도 중요한 발전 방향이다. DNA 서열은 같지만 유전자 발현을 조절하는 후성유전학적 변화들이 질병 발생과 치료 반응에 미치는 영향이 점차 밝혀지고 있다. 메틸레이션 패턴 분석을 통한 암 진단과 치료 예측은 이미 임상에서 활용되기 시작했다.

다유전자 점수(polygenic score)의 정확도 향상도 기대된다. 현재는 주로 유럽계 인구를 대상으로 개발된 모델들이 많아 다른 인종에서는 예측 정확도가 떨어지지만, 전 세계적인 다양성 연구가 확대되면서 이런 한계들이 극복될 것으로 예상된다. 한편 유전체와 멀티 오믹스, 익스포좀과 같은 환경 데이터의 통합 분석도 중요한 트렌드다. 개인의 유전적 특성과 환경 요인, 생활 습관 등을 종합적으로 고려한 진정한 의미의 정밀 의료가 실현될 것이다.

유전체 혁명은 이제 시작에 불과하다. 개인의 유전적 정보가 의료의 모든 영역에서 활용되는 시대가 다가오고 있으며, 이는 질병의 예방, 진단, 치료의 패러다임을 근본적으로 변화시킬 것이다. 인공지능의 발전은 이 모든 변화를 가속화할 것이다. 대규모 언어 모델이 유전체 데이터 해석에 적용되기 시작했으며, 멀티모달 AI 모델들은 유전체, 영상, 임상 데이터를 통합해 더욱 정확한 진단과 예측을 가능하게 할 것이다.

이러한 혁명적 전환이 가능했던 것은 단순히 시퀀싱 기술의 발전 때문만은 아니다. 유전체 데이터의 수집부터 저장, 표준화, 해석, 그리고 최종적으로 임상 활용에 이르기까지의 전체 생태계가 동시다발적으로 구축되었기 때문이다. 개별 연구 집단의 단편적 노력으로는 불가능했을 이 혁명은, 국제적 표준화 노력, 대규모 바이오뱅크 구축, 표준화된 데이터베이스 개발, 그리고 이 모든 것을 연결하는 정밀한 정보학적 인프라의 결합으로 가능해졌다. 마치 인터넷이 개별 컴퓨터의 성능 향상보다는 표준 프로토콜과 네트워크 아키텍처의 설계로 혁명을 일으킨 것처럼, 미래의 유전체 의학 발전은 체계적인 시스템의 설계와 확장 가능한(scalable) 운용 철학이 그 성공을 좌우할 것이다.

참고문헌

Bycroft, C., et al.(2018). The UK Biobank resource with deep phenotyping and genomic data. *Nature*, 562, 203–209.

Chakravarty, D., et al.(2017). OncoKB: A Precision Oncology Knowledge Base. *JCO Precision Oncology*, 1, 1–16.

Dunbar, C. E., et al.(2018). Gene therapy comes of age. *Science*, 359, eaan4672.

Goodwin, S., et al.(2016). Coming of age: ten years of next-generation sequencing technologies. *Nature Reviews Genetics*, 17, 333–351.

International Human Genome Sequencing Consortium(2004). Finishing the euchromatic sequence of the human genome. *Nature*, 431, 931–945.

Jumper, J., et al.(2021). Highly accurate protein structure prediction with AlphaFold. *Nature*, 596(7873), 583–589.

Poplin, R. et al.(2018). A universal SNP and small-indel variant caller using deep neural networks. *Nature Biotechnology*, 36, 983–987.

Relling, M. V., & Evans, W. E.(2015). Pharmacogenomics in the clinic. *Nature*, 526, 343–350.

Torkamani, A., et al.(2018). The personal and clinical utility of polygenic risk scores. *Nature Reviews Genetics*, 19, 581–590.

Turro, E., et al.(2020). Whole–genome sequencing of patients with rare diseases in a national health system. *Nature*, 583, 96–102.

Wan, J. C. M., et al.(2017). Liquid biopsies come of age: towards implementation of circulating tumour DNA. *Nature Reviews Cancer*, 17, 223–238.

04
의료 영상의 미래: AI의 눈으로 보는 질병

의료 영상은 현대 의학의 눈이다. 가장 강력한 진단 도구 중 하나로, 흉부 X선에서 시작해 CT, MRI, PET, 초음파에 이르기까지 다양한 형태로 발전해 왔다. 이제 AI는 이 창을 통해 건강 상태를 바라보는 인간의 눈과 인지 능력의 한계를 확장하고 있다. AI가 대상자의 건강을 바라보는 눈인 의료 영상 분야의 혁신과 나아가 의료진의 시각 자체를 확장하는 다각적인 시도를 이끌고 있는지 살펴본다.

청각장애인과 AI?

방사선과 전문의 박 교수는 하루에 수백 장의 영상을 판독한다. 숙련된 그의 눈도 피로하면 작은 병변을 놓칠 수 있다. 하지만 이제 AI가 그의 동료가 되었다. AI는 지치지 않는 눈으로 모든 영상을 꼼꼼히 살피고, 의심스러운 부분을 표시한다. 이 협업으로 진단 정확도는 높아지고, 판독 시간은 단축되었다.

컴퓨터 비전에서 의료 AI로: 기술적 진화의 여정

의료 인공지능 분야에서 가장 극적인 성과를 거두고 있는 영역을 꼽는다면 단연 의료 영상이다. 2012년 알렉스넷(AlexNet)이 이미지넷(ImageNet) 대회에서 압도적 성과를 보인 이후, 영상 AI 분야의 발전은 의료계에도 영향을 미치기 시작했다. 의료계는 딥러닝의 잠재력을 직감했다. 의료 영상은 일반 사진과 달리 고해상도이며 전문적 해석이 필요하지만, 패턴 인식이라는 근본적 원리는 동일했기 때문이다. 2018년, 뇌출혈을 자동으로 감지하는 아이독(Aidoc)의 두부 CT 분석 솔루션이 승인된 이후(Aidoc, 2018), 2024년까지 누적 1,000건이 넘는 AI 영상 분석 기기가 미국 FDA 승인을 받았다(Joshi et al, 2024). 2025년 현재 FDA 승인을 받은 AI 의료기기의

70% 이상이 영상 분야에 집중되어 있으며, 방사선과, 안과, 피부과, 병리과 등에서 검증된 성과를 보이는 진료 도구들이 먼저 등장하면서 진료 현장 도입이 확산되는 추세다. 인간의 시각적 인지 능력을 모방하고 때로는 뛰어넘는 AI의 '눈'은 단순히 영상을 분석하는 것을 넘어, 인간이 놓칠 수 있는 미세한 병변을 발견하고 질병의 진행을 예측하며, 심지어 육안으로는 보이지 않는 생물학적 정보까지 추출해 내고 있다.

초기의 의료 영상 AI는 주로 컴퓨터 보조 진단(Computer-Aided Detection, CAD) 시스템에서 출발했다. 1990년대부터 개발되기 시작한 전통적 CAD는 손으로 설계한 특징점들을 기반으로 했지만, 성능의 한계와 높은 거짓 양성율로 인해 임상 현장에서 제한적으로만 사용되었다. 반면 딥러닝 기반 AI는 데이터에서 직접 특징을 학습해 훨씬 정확하고 실용적인 결과를 보여주기 시작했다. 2016년 구글 브레인의 연구진이 당뇨성 망막병증 진단에서 안과 전문의와 동등한 성능을 보인 연구를 발표하면서, 의료 영상 AI는 본격적인 전환점을 맞았다(Gulshan et al, 2016). 이 연구는 128,175장의 망막 사진을 학습한 딥러닝 모델이 안과 전문의 패널과 비교해 민감도 87~90%, 특이도 98% 이상의 성능을 달성했음을 보여 주었다.

영상 분할(Image Segmentation)은 장기나 종양의 경계를 정확히 구분하는 기술이다. 이는 방사선 치료 계획이나 수술 계획에 필수적이다. U-Net이라는 특수한 CNN 구조는 의료 영상 분할에 특히 효과적이어서, 뇌종양, 간 병변, 폐결절 등 다양한 영역에서 활용되고 있다.

영상 정합(Image Registration)은 서로 다른 시점이나 다른 모달리티로 촬영한 영상을 정렬하는 기술이다. 예를 들어, MRI와 CT 영상을 정합하면 각 영상의 장점을 결합해 더 정확한 진단이 가능하다. 또한 치료 전후 영상을 비교해 치료 효과를 정량적으로 평가할 수 있다. 방사선체학(Radiomics)과 방사선유전체학(Radiogenomics)은 영상에서 육안으로 보이지 않는 정보를 추출하는 새로운 분야다(Lambin et al, 2017). AI는 영상에서 수천 개의 정량적 특징을 추출하고, 이를 유전체 정보나 임상 결과와 연결한다. 이를 통해 종양의 유전적 특성을 비침습적으로 예측하거나, 치료 반응을 예측할 수 있다.

시각의 확장: 구글 글라스와 현실 증강

AI의 눈은 단순히 기존 의료 영상을 분석하는 것을 넘어 의료진의 시각 자체를 확장하고 있다. 구글 글라스

(Google Glass)를 의료용으로 활용한 시도들은 이러한 가능성을 잘 보여 준다. 2014년부터 시작된 의료용 구글 글라스 프로젝트는 수술 중 실시간 정보 표시, 원격 컨설테이션, 의료 교육 등에서 활용되었다.

스탠포드 의과대학에서는 구글 글라스를 착용한 의사가 수술 중 환자의 CT나 MRI 영상을 실시간으로 확인하면서 수술을 진행하는 연구를 수행했다(Aldaz et al, 2015). 이는 이전까지 수술을 중단하고 모니터를 확인해야 했던 불편함을 해소하고, 수술의 정확도를 높이는 데 기여했다. 또한 응급실에서는 의료진이 환자를 진료하면서 동시에 과거 병력이나 검사 결과를 시야에서 확인할 수 있게 되어 진료 효율성이 크게 개선되었다.

더 나아가 AI와 결합한 증강현실(Augmented Reality, AR) 기술은 의료진의 진단 능력을 실시간으로 강화하고 있다. 마이크로소프트 홀로렌즈(Microsoft HoloLens)를 활용한 수술 내비게이션 시스템은 환자의 해부학적 구조를 3차원으로 시각화해 수술 중 정확한 위치를 안내한다. 피부과에서는 스마트폰 카메라와 AI를 결합해 실시간으로 피부 병변을 분석하고 악성 가능성을 평가하는 앱들이 등장했다.

조기 진단의 혁명: AI가 발견하는 미세한 신호들

안저 검사: 당뇨성 망막병증의 조기 발견

당뇨성 망막병증은 실명의 주요 원인 중 하나로, 정기적인 안저 검사를 통한 조기 발견이 중요하다. 하지만 전 세계적으로 안과 전문의 부족으로 인해 많은 당뇨병 환자들이 적절한 검진을 받지 못하고 있다.

앞서 언급한 바와 같이 구글의 연구진은 2016년부터 당뇨성 망막병증 진단 AI를 개발해 왔다. 이후 연구에서는 실제 인도와 태국의 의료진과 협력해 임상 환경에서의 실용성을 검증했다. AI는 특히 전문 인력이 부족한 환경에서 큰 장점을 발휘할 수 있다. FDA는 2018년 IDx-DR을 승인했는데, 이는 의사의 개입 없이 자율적으로 당뇨성 망막병증을 진단할 수 있는 최초의 AI 시스템이다(Abramoff et al, 2018). 임상시험에서 87.4%의 민감도와 89.5%의 특이도를 달성했다. 안저 AI의 장점은 비침습적이고 빠른 검사가 가능하다는 점이다. 하지만 영상 품질에 민감하고, 백내장이나 유리체 출혈 등이 있으면 판독이 어려운 한계가 있다. 또한 망막병증의 미세한 진행 단계를 정확히 구분하는 데는 여전히 전문의의 판단이 필요하다.

유방암 검진: 맘모그래피의 새로운 표준

유방암 검진에서 AI의 성과는 특히 주목할 만하다. 맘모그래피는 오랜 시간 유방암 조기 검진의 핵심 도구로 자리 잡아 왔으며, 최근 인공지능 기술과 결합하며 그 정확성과 효율성을 한층 끌어올리고 있다. 2020년 네이처(Nature)에 발표된 구글헬스(Google Health)의 대규모 연구에서는 맘모그래피(유방촬영술) 판독에서 AI가 방사선과 전문의를 능가할 수 있음을 보여 주었다(McKinney et al, 2020). 이 연구는 영국과 미국의 91,000명 여성 데이터를 바탕으로 수행되었으며, AI는 거짓 양성(위양성)을 5.7%, 거짓 음성(위음성)을 9.4% 감소시켰다.

FDA는 2018년 미국 기업 아이캐드(iCAD)의 ProFound AI™ for DBT(Digital Breast Tomosynthesis)를 승인하며, 맘모그래피 기반 AI 보조 판독 도구에 대한 최초의 인정을 내렸다. 이 시스템은 3D 유방촬영에서 병변을 자동 검출하고 리스크 점수를 제공함으로써 판독의 정확도를 높이고 판독 소요 시간을 단축시키는 데에 기여했다. 이후 프랑스의 테라픽셀(Therapixel)은 2022년 MammoScreen™으로 FDA 승인을 받았으며, 해당 AI는 병변 위치와 의심 정도를 시각적으로 표시해 진단 보조에 도움을 준다(McKinney et al, 2020b).

국내에서도 유방촬영술 AI의 상용화가 이루어지고 있다. 뷰노(VUNO)의 VUNO Med-Mammo는 2020년 식약처 허가를 받은 후 다수의 검진센터에서 사용되고 있다. 이처럼 맘모그래피 기반 AI는 유방암 검진의 새로운 표준으로 부상하며, 판독의 편차를 줄이고 조기 진단률을 높이는 데 기여하고 있다(VUNO, 2020). 하지만 한계도 존재한다. 치밀 유방(dense breast) 조직에서는 AI의 성능이 제한적이며, 인종간 데이터 불균형으로 인한 편향 문제도 지속적으로 제기되고 있다. 또한 AI가 표시한 의심 영역에 대한 최종 판단은 여전히 전문의의 몫이며, 의료진과 AI의 협업 방식에 대한 표준화가 필요한 상황이다.

폐암 스크리닝: CT에서 찾아내는 조기 병변

폐암은 전 세계 암 사망률 1위 질환으로, 조기 발견이 생존율에 결정적 영향을 미친다. 저선량 CT(Low-dose CT, LDCT) 검진이 표준화되면서, AI는 이 영역에서도 중요한 역할을 하고 있다.

2019년 구글이 네이처 메디신(Nature Medicine)에 발

표한 연구는 CT 영상에서 폐암을 진단하는 AI 모델의 성능을 보여 주었다(Ardila et al, 2019). 이 모델은 6개 방사선과 전문의와 비교했을 때 거짓 양성을 11%, 거짓 음성을 5% 감소시켰다. 특히 주목할 점은 이전 CT 영상이 없는 경우에도 단일 스캔만으로 전문의 수준의 성능을 달성했다는 것이다.

하지만 폐암 AI 진단의 한계도 명확하다. 염증성 병변과 악성 종양의 구별이 어려운 경우가 많고, 흡연력이나 가족력 등 임상 정보의 통합이 불충분하다. 또한 다양한 CT 장비와 프로토콜에 대한 일반화 성능을 확보하는 것이 지속적인 과제다.

병리학: 디지털 전환과 AI의 결합

병리학은 조직 슬라이드를 현미경으로 관찰하여 질병을 진단하는 분야로, 최근 디지털 병리학(Digital Pathology)의 발전과 함께 AI 적용이 급속히 확대되고 있다. 병리학은 전통적으로 고배율 슬라이드에서 병변을 판독하는 고난도의 작업으로, 병리사의 숙련도가 결과에 큰 영향을 미친다. 하지만 슬라이드의 Whole Slide Image(WSI) 디지털화가 가능해지면서 AI가 이 영역에 진입했다.

구글의 연구진은 2019년 전립선암 진단에서 병리과

전문의와 동등한 성능을 보이는 AI 모델을 발표했다. 이 모델은 글리슨(Gleason) 점수 평가에서 일반 병리과 의사들보다 높은 정확도(70% vs 61%)를 보였다(Nagpal et al, 2019). 같은 해 유방암 림프절 전이 진단을 위한 LYNA 알고리즘도 발표해 뛰어난 성과를 보고했다(Steiner et al, 2019).

페이지 AI(Paige.AI)는 2021년 FDA로부터 전립선암 진단 보조 AI인 Paige Prostate의 승인을 받았다. 이는 민감도 97.4%, 특이도 94.8%의 성능을 기록하며 임상시험에서 병리과 전문의의 진단 정확도를 7.3% 향상시켰다(Raciti et al, 2023). 국내에서는 딥바이오가 개발한 DeepDx Prostate가 2022년 식약처 승인을 받았다. 이 제품은 전립선 생검 슬라이드에서 암 영역을 자동으로 검출하고 글리슨 점수를 제공한다. 병리 AI의 장점은 성능이 확인된 모델을 사용한다면 객관적이고 일관성 있게 처리가 가능하다는 점이다. 하지만 전체 슬라이드를 고해상도로 처리해야 하는 계산 부담과 다양한 염색 방법과 장비 간 차이를 극복하는 것이 과제다.

AI 도입과 임상적 가치

진단 정확도의 정량적 평가

의료 영상 AI의 임상 도입은 단순한 기술적 정확도뿐만 아니라 실제 의료 현장에서의 활용 가능성에 대한 다층적인 평가를 요구한다. 먼저, 진단 정확도는 민감도(Sensitivity), 특이도(Specificity), 양성 예측도(PPV), 음성 예측도(NPV)와 같은 핵심 지표로 정량화되며, 전반적인 성능은 ROC 곡선의 면적(AUC, Area Under the Curve)으로 요약된다. 그러나 어떤 지표를 중점으로 삼을지는 진단 목적과 임상 환경에 따라 달라질 수 있으며, 지표 선택이 일관되지 않으면 동일한 AI에 대해서도 평가 사례마다 평가 결과가 달라질 수 있다. 나아가 실험실에서 얻은 수치만으로는 임상에서의 유효성과 안전성을 충분히 설명할 수 없다.

실제 임상 환경은 훨씬 더 복잡하고 예측 불가능하다. 영상 품질의 다양성, 환자군의 이질성, 시간적 제약, 의료진과의 상호작용 방식 등 수많은 변수가 작용하기 때문이다. 따라서 AI 시스템이 임상에서 실질적인 가치를 발휘하기 위해서는 현장 기반의 실증적 평가(clinical deployment evaluation)가 필수적이다. 하지만 아직까지 의료 AI 전 분야에서 사용할 수 있는 통일된 성능 평가 프로토콜 및 지표는 존재하지 않으며, 설명 가능성, 사용성, 신뢰도 등의 정성적 요소 평가도 표준화가 미흡하다(Seth & Sankarapu, 2025). 이러한 문제를 해결하기 위해 최근에는 METRICS 체크리스트 등이 개발되고 있으나, 여전히 국제적으로 합의된 표준 프레임워크는 부재한 상태다(Sallam et al, 2024).

일례로 2025년 발표된 논문에서는 급성 허혈성 뇌졸중 후 발생하는 치명적 뇌부종(Malignant Cerebral Edema, MCE)을 예측하는 CT 기반 AI 모델에 대한 메타분석을 수행했다(Shafieioun et al, 2025). 10개 연구, 총 1,594명의 데이터를 통합한 이 연구에서 AI 모델은 민감도 81.1%, 특이도 92.6%, AUC 0.939의 높은 성능을 보였다. 특히 전향적(prospective) 연구만을 대상으로 한 하위 분석에서는 민감도 92.0%, 특이도 93.3%로 더욱 향상된 결과를 보여 주었다. 이는 AI 기반 영상 분석이 잠재적으로 높은 진단 정확도를 갖추고 있음을 시사한다. 그러나 이들 연구 대부분이 여전히 제한된 환경에서 개발·벤치마크 데이터셋으로 검증된 것이라는 점에서, 실제 임상 적용까지는 여전히 중요한 간극이 존재한다.

이와 대비되는 실제 적용 사례로는 비즈 AI(Viz.ai),

에이독(Aidoc), 라피드AI(RapidAI)와 같은 상용화된 의료 영상 AI 솔루션이 있다. 이들 시스템은 대형병원 및 응급센터에서 뇌출혈, 대혈관 폐색 등의 병변을 신속히 탐지하고, 이를 실시간으로 의료진에게 알림으로써 중재 개입 시간을 단축시키는 데 성공하고 있다. 이는 단순히 '정확한 AI'를 넘어, 의료 시스템의 의사 결정 과정에 효과적으로 통합된 AI의 가능성을 입증한다.

결국, AI 기술의 의료적 가치는 단순한 성능 수치가 아니라 실제 임상 맥락 속에서 의료진과 얼마나 유기적으로 작동하고 환자 치료 결과에 기여하는가로 평가되어야 한다. 이를 위해서는 사용자 경험 기반 개선, 실시간 대응 능력, 의료진의 신뢰를 구축할 수 있는 지속적인 현장 검증 및 피드백 루프가 필요하다. 최근에는 이러한 간극을 줄이기 위해 지속적 학습(Continuous Learning)과 도메인 적응(Domain Adaptation) 기법도 활발히 개발되고 있다. 실험실과 임상 현실의 성능 차이를 인식하고 이를 좁혀 나가는 노력은, 의료 AI의 진정한 임상적 정착을 위한 핵심 열쇠라 할 수 있다.

업무 효율성과 경제적 효과

AI 도입의 가장 직접적인 효과는 업무 효율성 향상이다.

방사선과에서는 단순 검사의 판독 시간이 대폭 단축되어, 전문의들이 더 복잡한 케이스에 집중할 수 있게 되었다. 응급실에서는 AI가 우선순위를 자동으로 분류해 중증 환자를 먼저 처리할 수 있게 해 준다.

경제적 효과도 상당하다. 맥킨지의 2020년 보고서에 따르면, 의료 영상 AI는 연간 1,000억 달러의 비용 절감 효과를 가져올 수 있다. 이는 조기 진단을 통한 치료비 절감, 불필요한 검사 감소, 의료진 생산성 향상 등에서 비롯된다.

하지만 AI 도입 비용도 고려해야 한다. 초기 구축 비용, 지속적인 업데이트와 유지 보수, 의료진 교육 등이 필요하다. 또한 AI 오진으로 인한 법적 책임 문제와 보험 적용 범위도 중요한 고려 사항이다.

의료 영상 AI는 전 세계적인 의료 불평등 해소에도 기여하고 있다. 구글의 사회적 선을 위한 AI(AI for Social Good) 프로그램은 인도, 태국 등에서 당뇨성 망막병증 스크리닝 AI를 배포하여, 이전에 검진 접근성이 낮았던 지역의 환자들이 조기 진단을 받을 수 있게 하고 있다. 이는 예방의학의 핵심인 조기 발견과 예방적 개입을 전 지구적 규모로 확산시키는 사례로 평가받을 만하다.

실시간 영상 분석의 기술적 도전

실시간 의료 영상 분석은 AI의 새로운 도전 영역이다. 수술 중 실시간 영상 가이드, 응급실에서의 즉시 진단, 중환자실 모니터링 등에서 활용 가능성이 크다. 비즈 AI의 실시간 뇌졸중 검출 시스템은 CT에서 대혈관 폐색을 자동으로 검출하고 즉시 뇌졸중 팀에 알림을 보낸다. 2018년 FDA 승인을 받은 이 시스템은 치료 시작 시간을 평균 약 52분 단축시킨 것으로 보고되었으며, 실제 임상에서는 알림 전송까지의 소요 시간이 5분 이내로 단축되어 응급 대응 속도를 크게 향상시켰다(Hassan et al, 2020). 이는 뇌졸중 치료에서 '시간이 곧 뇌(Time is Brain)'라는 원칙을 구현한 대표적 사례다.

하지만 실시간 처리는 여전히 높은 기술적 장벽에 직면해 있다. 가장 큰 도전은 속도와 정확도 간의 트레이드오프다. 수술 중 AI가 조직을 분석하고 결과를 제공하는 데 걸리는 시간은 수 초 이내여야 하지만, 이는 종종 진단 정확도의 희생을 요구한다. 특히 복강경이나 내시경 수술에서는 움직이는 장기와 수술 기구로 인한 시야 가림, 혈액이나 연기로 인한 영상 품질 저하, 실시간 조명 변화 등이 AI 모델의 성능을 크게 저하시킨다.

더 나아가 개인마다 다른 해부학적 구조와 병리학적 변이는 표준화된 AI 모델로는 해결하기 어려운 문제를 제기한다. 수술 진행에 따라 실시간으로 변형되는 조직의 3D 공간 정보를 정확히 재구성하는 것 역시 현재 컴퓨팅 파워로는 한계가 있다. 엣지 컴퓨팅과 모델 경량화 기술, 다중 센서 융합 기술, 그리고 적응형 AI 알고리즘의 개발이 이러한 도전에 대응하는 핵심 기술로 주목받고 있다.

멀티모달 AI: 다양한 정보의 통합

최근에는 영상 정보만이 아니라 임상 데이터, 검사 수치, 유전 정보 등을 통합하는 멀티모달 AI가 개발되고 있다(Moor et al, 2023). 이는 보다 정확하고 포괄적인 진단과 예측을 가능하게 한다.

구글의 Med-PaLM M은 의료 영상, 텍스트, 유전체 데이터 등을 통합해 처리할 수 있는 대규모 멀티모달 모델이다. 방사선 영상 판독에서 영상과 임상 정보를 함께 고려하여 더 정확한 진단을 제공한다. 하지만 멀티모달 AI는 데이터 통합과 표준화의 어려움이 있다. 서로 다른 형태와 규모의 데이터를 효과적으로 융합하는 기술적 도전과 함께, 개인정보 보호와 데이터 거버넌스 문제도 고려해야 한다는 점이 가장 거대한 도전으로 남아 있다.

데이터 품질과 편향성 문제

의료 영상 AI의 또 다른 도전 중 하나는 데이터 품질과 편향성 문제다. 학습 데이터의 품질이 AI 성능을 직접적으로 결정하기 때문에, 고품질의 라벨링된 데이터 확보가 필수적이다. 하지만 의료 데이터의 라벨링은 전문의의 판독이 필요하여 비용과 시간이 많이 소요된다.

편향성 문제는 더욱 심각하다. 대부분의 AI 모델이 특정 인종, 연령, 성별에 편중된 데이터로 학습되어 다른 집단에서는 성능이 떨어질 수 있다. 2019년 사이언스(Science)에 발표된 연구에서는 피부암 진단 AI가 백인 환자에서는 높은 성능을 보이지만 흑인 환자에서는 상당히 낮은 성능을 보인다고 보고했다(Adamson & Smith, 2018).

장비 간 차이도 중요한 문제다. 서로 다른 제조사의 CT나 MRI 장비는 미묘한 영상 특성 차이를 보이며, 이는 AI 성능에 영향을 미칠 수 있다. 도메인 적응 기술과 연합학습(Federated Learning) 등이 이러한 문제를 해결하기 위한 접근법으로 연구되고 있다.

정밀 의료 시대의 시각적 혁명

개인 맞춤형 의료의 발전과 함께, 영상 AI도 개인화되고 있다. 개인의 과거 영상 이력, 유전 정보, 생활 습관 등을 종합적으로 고려해 더 정확한 진단과 예측을 제공하는 것이다. 특히 암 분야에서는 영상 기반 방사선 유전체학(Radiogenomics)이 주목받고 있다. 영상 특징으로부터 유전자 변이나 분자적 특성을 예측해 치료 반응을 미리 평가하는 것이다.

디지털 트윈(Digital Twin) 개념은 의료 영상에도 적용되어, 개인의 해부학적 구조와 생리학적 특성을 반영한 가상 모델을 구축해 치료 계획 수립과 예후 예측에 활용한다. 심장 디지털 트윈을 이용한 부정맥 치료, 뇌 디지털 트윈을 이용한 뇌종양 수술 계획, 3D 프린팅을 통한 수술 적용 등이 연구되고 있다.

연속 학습(Continual Learning) 기술은 AI가 새로운 데이터를 지속적으로 학습하면서도 기존 지식을 잊지 않도록 한다. 이는 의료 AI가 개인의 영상 이력을 누적해 더 정확한 진단을 제공할 수 있게 해 준다.

미래의 의료 영상은 AI와 의료진의 협업을 통해 더욱 정확하고 개인화된 진단과 치료를 제공할 것이다. 이는 단순히 기술의 발전을 넘어, AI가 확장하는 '의료진의 눈'을 통해 모든 환자에게 맞춤형 진단과 치료를 제공하는 정밀 의료의 핵심 구현체가 되고 있다. 인간이 놓칠 수 있는 미세한 신호들을 포착하고, 질병의 진행을 예측하며, 개인의 특성을 반영한 최적의 치료 전략을 제시하는 AI의 눈은 정밀 의료 시대의 새로운 시각적 혁명을 완성해 나가고 있다.

참고문헌

Abràmoff, M. D., et al.(2018). Pivotal trial of an autonomous AI-based diagnostic system for detection of diabetic retinopathy in primary care offices. *npj Digital Medicine*, 1, 39.

Adamson, A. S., & Smith, A.(2018). Machine learning and health care disparities in dermatology. *JAMA Dermatology*, 154, 1247-1248.

Aldaz, G., et al.(2015). Hands-free image capture, data tagging and transfer using Google Glass: A pilot study for improved wound care management. *PLOS ONE*, 10(4), e0121179.

Ardila, D., et al.(2019). End-to-end lung cancer screening with three-dimensional deep learning on low-dose chest computed tomography. *Nature Medicine*, 25, 954-961.

Gulshan, V., et al.(2016). Development and validation of a deep learning algorithm for detection of diabetic retinopathy in retinal fundus photographs. *JAMA*, 316, 2402-2410.

Hassan, A. E., et al.(2020). Early experience utilizing artificial intelligence shows significant reduction in transfer times and length of stay in a hub and spoke model. *Interventional Neuroradiology*, 26(5), 615–622.

Imaging Technology News(2020.6.24). VUNO receives CE Mark for 5 medical AI solutions.

Joshi, G., et al.(2024). FDA-approved artificial intelligence and machine learning (AI/ML)-enabled medical devices: An updated landscape. *Electronics*, 13(3), 498.

Lambin, P., et al.(2017). Radiomics: the bridge between medical imaging and personalized medicine. *Nature Reviews Clinical Oncology*, 14, 749–762.

McKinney, S. M., et al.(2020). International evaluation of an AI system for breast cancer screening. *Nature*, 577(7788), 89–94.

Moor, M., et al.(2023). Foundation models for generalist medical artificial intelligence. *Nature*, 616, 259–265.

Nagpal, K., et al.(2019). Development and validation of a deep learning algorithm for improving Gleason scoring of prostate cancer. *npj Digital Medicine*, 2, 48.

PR Newswire(2018.8.8). A first in the world of radiology: Aidoc receives FDA clearance to enable radiologists to triage patients using AI [Press release].

Raciti, P., et al.(2023). Clinical Validation of Artificial Intelligence–Augmented Pathology Diagnosis Demonstrates Significant Gains in Diagnostic Accuracy in Prostate Cancer Detection. *Archives of Pathology & Laboratory Medicine*, 147, 1178–1185.

Sallam, M., et al.(2024). A preliminary checklist (METRICS) to standardize the design and reporting of studies on generative AI-based models… *Interact J Med Res*, 13(e54704).

Seth, P., & Sankarapu, V. K.(2025). Bridging the Gap in XAI—Why Reliable Metrics Matter for Explainability and Compliance. arXiv.

Shafieioun, A., et al.(2025). Predictive power of artificial intelligence for malignant cerebral edema: A CT-based systematic review and meta-analysis of prevalence and diagnostic performance. *npj Digital Medicine*, 8, 96.

Steiner, D. F., et al. (2019). Artificial Intelligence-Based Breast Cancer Nodal Metastasis Detection: Insights Into the Black Box for Pathologists. Archives of Pathology & Laboratory Medicine, 143(7), 859-868.

05
빅데이터와 전자 건강 기록: 의료의 디지털 혁명

전자건강기록(EHR)이 단순한 종이 기록의 디지털화를 넘어 의료 전달 체계 전반을 데이터 중심으로 재편하는 혁명적 변화를 다룬다. 또한 EHR 통합 등 환자 생성 건강 데이터(PGHD)와 EHR 데이터의 순환을 통한 진정한 가치 창출은 단순한 기술적 처리 능력이 아니라 도메인 전문 지식과 활용 목적에 대한 깊은 이해가 결합된 맥락적 재구성 능력에서 결정되며, 이와 관련된 방법론이 현재 의료 빅데이터 활용의 가장 중요한 병목 지점임을 제시한다.

AI 콘텐츠 크리에이터?

의료의 디지털 전환은 단순히 종이 기록을 전자 파일로 바꾸는 것 이상의 의미를 갖는다. 전자건강기록(Electronic Health Record, EHR)에서 시작된 이 혁명은 의료 전달 체계(Healthcare Delivery System) 전반의 근본적 변화를 이끌어 내고 있다. 진료 기록의 구조화부터 보험 청구, 처방전 전송, 품질 관리에 이르기까지 의료 시스템의 모든 측면이 데이터 중심으로 재편되고 있다. 이제 환자가 직접 생성하는 데이터(Patient-Generated Health Data, PGHD)와 AI 기반 예측 시스템까시 아우르는 거대한 의료 데이터 생태계가 구축되어, 개인의 전 생애에 걸친 건강 연속체(Health Continuum)를 추적하고 개인 맞춤형 의료를 실현하는 정밀 의료의 기반이 되고 있다.

EHR: 의료 전달 체계의 디지털 백본

의료 기록의 구조화와 표준화

현대적 의무 기록 구조화의 출발점은 1968년 로런스 위드(Lawrence Weed)가 제안한 SOAP(Subjective, Objective, Assessment, Plan) 구조를 생각할 수 있다(Weed, 1968). 이 체계는 의료진의 사고 과정을 체계화하고 진료 정보를 표준화된 형태로 기록할 수 있게 했다. 하지만 진정한 EHR의 발전은 1960년대 매사추세츠 종합병원의 COSTAR(Computer Stored Ambulatory Record) 시스템에서 시작되었다(Barnett et al, 1982). 이는 단순한 기록뿐만 아니라 진료 의사 결정 지원, 약물 상호작용 검사, 알레르기 경고 등의 기능을 포함한 최초의 종합적 임상 정보 시스템이었다. SOAP의 역사를 상기해 볼 때 EHR의 인초적인 지향 중 하나는 의료 정보의 구조화와 표준화다. 현재도 EHR은 ICD(International Classification of Diseases), CPT(Current Procedural Terminology), SNOMED CT(Systematized Nomenclature of Medicine Clinical Terms) 등의 복잡한 의미론적 코딩 시스템을 통해 진단, 시술, 임상 소견을 표준화된 형태로 기록한다. 이러한 코딩 시스템은 서로 다른 의료기관 간의 정보 교환을 가능하게 하지만, 동시에 시스템 간 상호 운용성을 복잡하게 만드는 요인이기도 하다.

나아가 EHR은 현대 의료 전달 체계의 중추 역할을 한다. 단순한 기록 시스템을 넘어 진료, 처방, 검사 주문, 결과 확인, 보험 청구, 품질 관리 등 의료 서비스의 모든 과정이 출발하고 연결되는 플랫폼이다. 전자처방(e-Prescribing, CPOE) 시스템은 EHR의 대표적 성공 사례다. 2008년 미국에서 7%에 불과했던 전자 처방 비율은 2020년 84%를 넘어섰으며 의료진의 92% 이상이 이를 활용했다(ONC Health IT Buzz, 2024). 이는 처방 오류를 감소시키고, 약물 상호작용 검사를 자동화하며, 보험 적용 여부를 실시간으로 확인할 수 있게 하는 기반이 되었다. 보험 청구와 수가 체계의 디지털화도 EHR의 핵심 기여다. CMS(Centers for Medicare & Medicaid Services)의 Quality Payment Program은 EHR 데이터를 기반으로 의료 품질 지표를 평가하고 수가를 차등 지급한다. 이는 EHR이 단순한 기록 도구에서 의료 품질 관리와 경제적 인센티브 시스템의 핵심 인프라로 진화했음을 보여 준다.

AI 시대의 연료인 빅데이터 원천으로서 EHR의 근본적 특성은 전문 의료기관에서 전문가의 해석을 통해 개인의 건강 에피소드를 고도로 농축된 형태로 기록한다는 점이다. EHR 데이터는 전형적인 빅데이터의 5V 특성(Volume, Velocity, Variety, Veracity, Value)을 모두 보여 준다.

Volume(규모): 미국 전체 EHR 데이터는 연간 150페타바이트 이상 생성된다. 단일 대형 병원도 연간 수십 테라바이트의 의료 데이터를 생성한다.

Velocity(속도): 중환자실에서는 분당 수백 개의 생체

신호 데이터 포인트가 생성된다. 응급실에서는 실시간 의사 결정을 위해 즉각적인 데이터 처리가 필요하다.

Variety(다양성): 구조화된 코딩 데이터, 비구조화된 텍스트, 의료 영상, 생체신호, 검사실 결과 등 다양한 형태의 데이터가 혼재한다.

Veracity(정확성): 데이터 입력 오류, 코딩 불일치, 시스템 간 전송 오류 등으로 인한 데이터 품실 문제가 상존한다.

Value(가치): 적절히 분석되면 환자 안전 개선, 비용 절감, 새로운 치료법 발견 등 막대한 가치를 창출할 수 있다.

이는 임상적으로 매우 가치 있는 정보를 제공하지만, 동시에 의미론적인 왜곡을 회피하면서 이를 과학적으로 다루기 위한 여러 방법론적인 과제들이 존재한다. 이는 다음과 같은 EHR을 원천으로 하는 데이터의 제약 때문이다.

첫째, EHR은 본질적으로 에피소드 중심(episode-centric)이다. 환자가 의료기관을 방문할 때만 데이터가 생성되므로, 개인의 건강 연속체(health continuum)를 완전히 반영하기 어렵다. 당뇨병 환자의 혈당 변화, 고혈압 환자의 일일 혈압 패턴, 우울증 환자의 기분 변화

등은 병원 방문 시점의 단편적 정보로만 기록된다.

둘째, 데이터의 희소성(sparsity) 문제가 있다. 새로운 건강 에피소드가 나타나거나 연구 맥락이 변경될 때, 기존 EHR 데이터를 재처리해 의미 있는 패턴을 찾아내기 어렵다. 예를 들어, COVID-19 팬데믹 초기에는 기존 EHR 데이터만으로는 감염 위험 요인이나 중증도 예측 모델을 구축하기 어려웠다.

셋째, 의미론적 복잡성과 상호 운용성 문제가 있다. 건강정보는 개인과 지역사회, 사회문화적 제도와 통념이 모두 투영되는 다차원적인 정보로서 에피소드 단위로 캡처된 데이터는 의료의 각 영역들이 필요로 하는 고도의 정확성과 전문성을 내포하기 위해 다양한 코딩 체계를 활용하고 있다. 예를 들어 SNOMED CT는 35만 개 이상의 개념과 140만 개 이상의 관계를 포함하는 방대한 의료 용어 체계다. 진단 코드로 활용되는 ICD-10-CM은 7만 개 이상의 진단 코드를, 처치/수술 등과 연계해 활용되는 CPT는 1만 개 이상의 시술 코드를 포함한다. 문제는 이러한 코딩 시스템들이 심지어 각 영역의 단일 표준이 아닌 데다가, 같은 임상 상황도 의료기관, 진료과, 의료진에 따라 다르게 코딩될 수 있다는 점이다. 이러한 의미론적 복잡성은 서로 다른 의료기관 간의 데이터 통합을 어렵게 만든다. 같은 질환이라도 기관마다 다른 코딩 관례를 사용하거나, 세부 코드의 사용 정도가 달라 데이터 비교 분석이 복잡해진다.

넷째, 구조화 데이터와 비구조화 데이터의 이중성 문제가 있다. EHR 데이터는 구조화된 데이터와 비구조화된 데이터가 복합적으로 구성되어 있다. 진단명, 약물명, 검사 수치 등은 표준화된 형태로 저장되지만, 실제 임상 정보의 80%는 의사의 진료 노트, 방사선 판독 소견, 병리 보고서 등 비구조화된 텍스트 형태로 존재한다.

이러한 비구조화 데이터는 풍부한 임상 정보를 포함하고 있지만, 전통적인 데이터 분석 방법으로는 활용하기 어려웠다. 자연어 처리(NLP) 기술의 발전으로 이러한 텍스트 데이터의 활용이 확대되고 있지만, 의료 전문용어의 복잡성, 약어의 다의성, 맥락 의존적 의미 등으로 인해 여전히 도전적인 과제다.

EHR 데이터의 가치 창출 병목: 맥락적 재구성

이러한 복잡성으로 인해 EHR 데이터에서 실질적인 가치를 창출하는 것은 단순히 데이터를 수집하고 저장하는 것을 넘어선 고도의 전문성을 요구한다. 핵심은 EHR 데이터가 본질적으로 'ready-to-use' 형태가 아니라는 점을 인식하는 것이다. 대신, 특정 활용 목적이 결정된 시점에서 그 활용 맥락(context)에 맞게 기존 데이터를 통합(integration)하거나 재맥락화(recontextualization)해야만 진정한 가치 창출이 가능하다는 점을 필자는 늘 강조하고 있다. 이는 EHR 데이터의 가치가 고정되어 있는 것이 아니라, 활용 맥락에 따라 동적으로 결정된다는 것을 의미한다. 예를 들어, 심부전 환자의 EHR 데이터는 약물 효과 연구, 재입원 예측 모델, 의료비 분석, 삶의 질 평가 등 서로 다른 목적에 따라 완전히 다른 방식으로 처리되고 해석되어야 한다. 각각의 활용 맥락은 서로 다른 데이터 요소의 선택, 시간적 범위의 설정, 변수 정의, 결측치 처리 방법을 요구한다.

동적인 가치 창출 방식은 아니지만 이 부분이 분명한 병목임을 확인해 주는 사례가 로슈(Roche)의 플랫아이언 헬스(Flatiron Health) 인수와 운용이다. 2018년 로슈는 종양학 전문 EHR 및 데이터 분석 회사인 플랫아이언 헬스를 약 19억 달러에 인수했다(Roche, 2018). 플랫아이언 헬스의 혁신은 단순히 데이터를 수집하는 것이 아니라, 미국 내 280개 이상의 암 센터로부터 수집한 비구조화된 종양학 EHR 데이터를 신약 개발이라는 특정 맥락에 맞게 재구성한 데 있었다. 플랫아이언 헬스는 자연어 처리와 종양학 전문가의 큐레이션을 통해 진료 노트, 병리 보고서, 영상 판독 소견에서 종양 크기, 전이 부위, 치료 반응, 부작용 등의 정보를 추출하고 표준화했다. 더 중요한 것은 이 정보들을 FDA가 인정하는 실제 임상 데이터(Real World Evidence) 기준에 맞게 패키지화해 규제 승인 과정에서 활용할 수 있도록 한 것이다. 결과적으로 로슈는 자사의 항암제 개발 프로그램을 가속화하고, 기존 약물의 새로운 적응증 발굴, 시판 후 안전성 모니터링, 데이터 기반 가치 창출 분야에서 경쟁 우위를 성공적으로 확보할 수 있었다.

이 사례는 EHR 데이터의 가치 창출이 기술적 처리 능력만으로는 달성될 수 없으며, 특정 도메인의 전문 지식과 활용 목적에 대한 깊은 이해가 결합되어야 함을 보여준다. 나아가 데이터를 의미 있는 임상적 통찰로 변환하고 이를 실행 가능한 비즈니스 가치로 연결하는 전체적인 밸류체인 형성이라는 과제를 제시한다. 앞으로 EHR 기반 데이터의 활용의 가속화는 이러한 맥락적 재구성 능력을 얼마나 체계적이고 효과적으로 구현할 수 있느냐에 달려 있을 것이다.

상호 운용성과 표준화: 연결된 의료의 기술적 기반

서로 다른 의료 시스템 간의 데이터 교환은 오랫동안 의료 정보학의 핵심 과제였다. HL7(Health Level Seven) FHIR(Fast Healthcare Interoperability Resources)는 이 문제를 해결하기 위한 표준이다. FHIR은 RESTful API와 JSON, XML 등 웹 표준 기술을 기반으로 하여, 의료 데이터를 쉽게 교환하고 통합할 수 있게 해 준다. 2019년 미국 21세기 치료법(21st Century Cures Act)은 의료기관들이 FHIR 기반 API를 통해 환자 데이터에 대한 접근을 제공하도록 의무화했다(U. S. Department of Health and Human Services, 2020).

에픽(Epic), 오라클 헬스(Oracle Health), 올스크립트(allscripts) 등 주요 EHR 업체들은 모두 FHIR을 지원하고 있으며, 애플 헬스(Apple Health), 구글 핏(Google Fit) 등 소비자 플랫폼들도 FHIR을 통해 의료 데이터를 통합하고 있다. 2023년 현재 미국의 95% 이상 병원이 FHIR 기반 API를 제공하고 있다.

CDM 접근법: 연구 데이터의 표준화

연구 목적의 데이터 표준화를 위해서는 다양한 Common Data Model(CDM) 접근법이 사용되고 있다. 각 CDM은 서로 다른 연구 목적과 데이터 특성에 최적화되어 있다.

OHDSI(Observational Health Data Sciences and Informatics)의 OMOP CDM(Observational Medical Outcomes Partnership)은 가장 널리 사용되는 CDM으로, 전 세계 40여 개국, 300개 이상의 의료기관이 사용하고 있다. OMOP CDM은 관찰 연구에 특화되어 있으며, 디기괸 비교 연구와 베타 분석에 강점을 가진다.

Sentinel CDM은 FDA가 주도하는 능동적 안전성 감시 시스템의 CDM으로, 약물과 의료기기의 안전성 모니터링에 특화되어 있다. 6억 명 이상의 환자 데이터를 포괄하는 센티넬 시스템(Sentinel System)은 시판 후 약물 부작용을 실시간으로 감지하고 분석하는 데 활용된다.

PCORnet CDM(Patient-Centered Outcomes Research Network)은 환자 중심 결과 연구에 최적화된 모델로, 환자 보고 결과(Patient-Reported Outcomes)와 PGHD를 포함한 포괄적 데이터 통합을 지원한다. 미국 전역 130개 이상의 의료기관이 참여하고 있다. i2b2(Informatics for Integrating Biology and the Bedside)는 임상 연구와 중개 연구에 특화된 플랫폼으로, 유전체 데이터와 임상 데이터의 통합 분석을 지원한다.

이러한 다양한 CDM들 간의 상호 운용성을 위해서도

HL7 FHIR 기반의 변환 도구들이 개발되고 있으며, AI 기반 자동 매핑 기술이 서로 다른 CDM 간의 데이터 변환 지원에 활용되고 있다.

국가적 의료 정보 교환 인프라

미국의 e헬스 익스체인지(eHealth Exchange)는 전국 단위의 의료 정보 교환 네트워크로, 120개 이상의 의료기관과 정부기관이 참여하고 있다. 이 네트워크를 통해 환자가 다른 지역이나 의료기관을 방문해도 기존 의료 기록에 접근할 수 있다.

영국의 NHS는 요약 진료 기록(Summary Care Record) 시스템을 통해 전국 환자의 핵심 의료 정보를 공유하고 있다. 2020년 COVID-19 대응 과정에서 이 시스템은 환자의 기존 질환과 위험 요인을 신속히 파악하는 데 결정적 역할을 했다.

한국에서도 2021년부터 마이헬스웨이(MyHealthWay) 서비스를 통해 개인 의료 정보 통합 서비스를 제공하고 있다. 환자는 자신의 진료 기록, 검사 결과, 투약 정보 등을 통합적으로 조회할 수 있으며, 의료기관 간 정보 공유도 가능하다.

Learning Health System의 개념과 필요성

이와 같이 EHR 데이터 생태계에서 내재된 한계를 극복하기 위해 국소적이거나 거시적인 여러 단위에서 다양한 방법론들이 제시되고 시도되고 있다. 그중 학습보건시스템(Learning Health System, LHS)이라는 개념을 소개한다. LHS는 의료 데이터 생성, 분석, 지식 창출, 임상 적용이 순환적으로 이루어지는 시스템을 의미한다. 2007년 미국 의학 연구소(Institute of Medicine)에서 제안한 이 개념은 EHR 데이터를 활용해 지속적으로 의료 질을 개선하고 새로운 지식을 창출하는 체계적 접근법이다(Institute of Medicine, 2007).

LHS의 핵심은 '모든 환자가 연구에 기여하고, 모든 연구가 환자 진료를 개선한다'는 원칙에 있다. 일상적인 진료 과정에서 생성되는 데이터를 실시간으로 분석해 새로운 임상 지식을 창출하고, 이를 다시 진료 현장에 적용해 환자 결과를 개선하는 선순환 구조를 만드는 것이다.

가이싱어 헬스 시스템(Geisinger Health System)은 LHS의 대표적 선두주자로, 1996년부터 전사적 전자건강기록(EHR) 시스템을 구축해 현재 수백만 명 규모의 환자 데이터를 기반으로 지속적인 의료 질 혁신을 추진해 왔다. 특히 프루븐케어(ProvenCare) 프로그램은 심장수술(CABG) 환자 대상 EHR 기반 경로 표준화 및 품질 피드백 시스템을 통해 합병증 발생률을 약 21% 감소시키고, 30일 재입원율을 약 44% 절감하는 성과를 달성했다(Erskine et al, 2016).

PGHD: 의료 데이터 패러다임의 확장

웨어러블과 모바일 기기의 의료 진출

Patient-Generated Health Data(PGHD)는 의료 데이터 패러다임의 근본적 변화를 의미한다. 전통적으로 의료 데이터는 의료기관에서 전문가에 의해서만 생성되었지만, 이제 환자들은 24시간 365일 자신의 건강 데이터를 생성하고 있다.

애플워치는 2018년 FDA 승인을 받은 심전도(ECG) 기능을 시작으로 의료기기로서의 기능을 본격적으로 탑재했다(Apple, 2018). 스탠포드 의과대학과 협력한 애플 심장 연구(Apple Heart Study)에서는 약 42만 명을 대상으로 한 대규모 연구를 수행했으며, 착용자 중 약 0.5%가 불규칙 리듬 알림을 받았다. 이들은 이후 추가 ECG 검사에서 84%의 정확도로 심방세동을 확인하며 웨어러블 기기의 임상적 유용성을 입증했다(Perez et al,

2019).

핏빗(Fitbit)과 구글이 개발한 연구용 플랫폼은 수면 패턴, 활동량, 심박수 등의 데이터를 분석해 COVID-19 감염을 조기에 예측할 수 있음을 보여 주었다. 핏빗이 발표한 초기 결과에 따르면 증상 하루 전 감염자의 약 50%를 예측 가능했고, 특이도는 약 70% 수준이었다 (Scripps Research Translational Institute, 2020; Radin et al, 2020).

EHR과 PGHD의 통합: 기술적 도전과 기회

PGHD와 EHR의 통합은 단순한 기술적 연결을 넘어선 복잡한 과제다. 웨어러블 기기에서 생성되는 연속적인 시계열 데이터와 병원의 간헐적인 검사 데이터를 의미 있게 통합하려면 정교한 데이터 융합 기법이 필요하다.

연속혈당측정기(CGM)의 EHR 통합은 성공적인 사례다. 덱스컴(Dexcom)의 G7 CGM은 1분마다 혈당을 측정하여 스마트폰으로 전송하고, 에픽(Epic)이나 오라클 헬스(Oracle Health)와 연동해 의료진에게 실시간 알림을 제공한다. 무작위 대조군 연구와 실제 사용 데이터에서, CGM 사용은 $HbA_{1}c$를 약 0.62%p 감소(0.4%p~1.4%p)시키는 유의미한 효과를 나타냈다. 특히 인슐린

요법을 받는 2형 당뇨병 환자의 경우 CGM과 EHR 통합 시스템이 치료 최적화 및 혈당조절개선에 기여한 것으로 평가되었다(Beck et al, 2017; Shields, 2024).

하지만 PGHD 통합에는 여러 과제가 남아 있다. 데이터 표준화 문제, 품질 관리, 개인정보 보호, 의료진의 정보 과부하 등이다. 웨어러블 기기는 하루에 수만 개의 데이터 포인트를 생성할 수 있는데, 이를 의료진이 모두 검토하고 해석하기는 현실적으로 불가능하다. 일례로 데이터 품질 관리의 경우, EHR 데이터는 임상 목적으로 생성되어 의학적 정확성은 높지만 연구 목적으로는 불완전할 수 있다. 반면 PGHD는 연속성과 풍부함을 제공하지만 의료적 정확성에는 한계가 있다.

FDA는 현재 PGHD(patient-generated health data)의 품질 관리와 규제적 활용을 위한 기반 마련을 위해 여러 기술 권고문(Draft guidance)과 정책 논의를 진행 중이며, 특히 정확성, 완전성, 투명성 등의 기준을 중심으로 품질 관리 권고 사항을 제시하고 있다. 하지만 센서 정확도, 환자의 기기 사용 패턴, 데이터 전송 과정에서의 손실 등 다양한 요인이 데이터 품질에 영향을 미쳐 여전히 복잡한 과제로 남아 있다.

의료 빅데이터의 무한한 가능성

의료 데이터는 폭발적으로 증가하고 있다. IDC의 보고서에 따르면, 전 세계 의료 데이터는 2013년 약 153엑사바이트에서 2020년까지 약 2,314엑사바이트로 증가할 것으로 예측되었다(International Data Corporation & EMC, 2013). 이 방대한 데이터는 AI와 만나 새로운 의학적 통찰을 만들어 낸다.

실제 임상 데이터(Real World Evidence, RWE)는 빅데이터가 가능하게 한 새로운 연구 패러다임이다. 통제된 임상시험이 아닌 실제 진료 데이터를 분석해 치료 효과와 안전성을 평가한다. FDA는 이미 RWE를 신약 승인과 시판 후 조사에 활용하고 있다.

예측 분석은 빅데이터를 가장 강력하게 응용하는 분야다. 클리블랜드 클리닉 헬스 시스템(Cleveland Clinic Health System)은 2017년부터 자사의 EHR 데이터를 기반으로 30일 내 모든 원인의 재입원을 예측하는 위험 점수(readmission risk score)를 개발했으며, 이후 60만 건 이상의 퇴원 사례에 이를 적용했다. 모델의 c-statistic은 0.69~0.70 수준으로, 예측 도구로서 실용적인 정보를 제공했다(Misra-Hebert et al, 2022).

인구 건강 관리(Population Health Management)도

빅데이터로 혁신되고 있다. 특정 지역이나 집단의 건강 데이터를 분석해 질병 패턴을 파악하고, 자원을 효율적으로 배분한다. 싱가포르는 국가 차원의 건강 데이터 분석을 통해 당뇨병 고위험군을 찾아내고 예방 프로그램을 제공한다.

정밀 의료를 향한 데이터 중심 의료의 미래

EHR과 PGHD의 통합은 정밀 의료의 4P(Predictive, Preventive, Personalized, Participatory) 원칙을 모두 구현할 수 있는 기반을 제공한다. 개인의 유전적 특성, 생활 환경, 행동 패턴, 실시간 생체신호를 종합해 진정한 의미의 개인 맞춤형 의료가 가능해진다.

올 오브 어스(All of Us) 연구 프로그램은 미국 NIH가 주도하는 100만 명 규모의 정밀 의료 연구로, 참가자들의 EHR, 유전체 데이터, PGHD를 통합하여 분석한다. 2023년까지 60만 명이 등록했으며, 이들의 다양한 건강 데이터를 통해 질병 예측 모델과 개인화된 치료 방안을 개발하고 있다. PGHD는 환자를 수동적 치료 대상에서 능동적 건강 관리 주체로 변화시키고 있다. 환자들은 자신의 건강 데이터를 실시간으로 모니터링하고, 의료진과 공유하며, 치료 과정에 적극적으로 참여할 수 있다.

미래의 의료는 병원 중심에서 데이터 중심으로, 치료 중심에서 예방 중심으로, 의료진 중심에서 환자 중심으로 전환되고 있다. EHR에서 시작해서 PGHD와의 통합을 거쳐 AI 기반 분석까지 아우르는 포괄적인 의료 데이터 생태계는 개인의 전 생애에 걸친 건강 관리와 질병 예방을 가능하게 한다.

이러한 데이터 중심 의료 시스템은 Learning Health System의 이상을 구현해, 모든 환자의 데이터가 의학 지식 발전에 기여하고 새로운 지식이 즉시 환자 진료에 반영되는 선순환 구조를 만들어 낸다. 이는 정밀 의료가 추구하는 궁극적 목표인 "필요한 사람에게, 최적의 시기에, 정확한 치료"를 제공하는 의료 시스템의 기반이 되고 있다.

데이터가 연결하는 의료의 미래는 더욱 정확하고, 더욱 개인화되며, 더욱 예방적인 건강 관리를 약속하고 있다. EHR과 PGHD의 통합을 통해 구축되는 이 새로운 의료 생태계는 단순한 기술적 발전을 넘어, 인간의 건강과 삶의 질을 향상시키는 정밀 의료 시대의 핵심 인프라가 될 것이다.

참고문헌

Apple(2018.12.6). ECG app and irregular heart rhythm notification available today on Apple Watch. Apple Press Release.

Barnett, G. O., et al.(1982). COSTAR: A comprehensive medical information system for ambulatory care. *Proceedings of the Sixth Symposium on Computer Applications in Medical Care*, 8-18.

Beck, R. W., et al.(2017). Continuous glucose monitoring versus usual care in patients with type 2 diabetes receiving multiple daily insulin injections: A randomized trial. *Annals of Internal Medicine*, 167(6), 365-374.

Erskine, A. R., et al.(2016). How Geisinger Health System uses big data to save lives. *Harvard Business Review*.

Health IT Buzz(2024.7.18). A decade of data examined: The evolution of electronic prescribing. https://www.healthit.gov/buzz-blog/health-data/a-decade-of-data-examined-the-evolution-of-electronic-prescribing

Institute of Medicine(2007). *The Learning Healthcare System: Workshop Summary*. The National Academies Press.

International Data Corporation & EMC(2013). Healthcare data growth and the implications for clinical practice. IDC.

Misra-Hebert, A. D., et al.(2022). Model reliably predicts risk of hospital readmissions: Implementation across hospitals in Cleveland Clinic Health System. *Journal of General Internal Medicine*.

Perez, M. V., et al.(2019). Large-scale assessment of a smartwatch to identify atrial fibrillation. *New England Journal of Medicine*, 381(20), 1909–1917.

Radin, J. M., et al.(2020). Pre-symptomatic detection of COVID-19 from smartwatch data. *Nature Biomedical Engineering*.

Roche(2018.2.15). Roche to acquire Flatiron Health to accelerate industry-wide development and delivery of breakthrough medicines for patients with cancer. Roche Press Release. https://www.roche.com/investors/updates/inv-update-2018-02-15

Scripps Research Translational Institute(2020). Early findings from DETECT study suggest wearables can detect COVID-19 before symptoms appear. Scripps Research Translational Institute.

Shields, L. E., et al.(2024). Real-world effectiveness of continuous glucose monitoring in primary care patients with type 2 diabetes. *Scientific Reports*, 14, 83548.

U. S. Department of Health and Human Services(2020). 21st Century Cures Act: Interoperability, Information Blocking, and the ONC Health IT Certification Program Final Rule. *Federal Register*, 85(85), 25642–25961.

Weed, L. L.(1968). Medical records that guide and teach. *New England Journal of Medicine*, 278(11), 593–600.

06
맞춤형 치료 시대: AI가 설계하는 개인화 의료

유전체 분석과 약물유전체학, 멀티오믹스 데이터를 바탕으로 AI가 설계하는 개인화된 최적 치료의 혁신을 살펴본다. 유전체학과 바이오마커 기반의 분자 진단부터 멀티오믹스 통합 분석, AI를 활용한 신약 개발과 정밀 투약에 이르기까지, 의료는 점점 더 정밀하고 개인화된 방향으로 진화하고 있다. 이러한 흐름 속에서 정밀 의료가 어떻게 구현되고 있으며, 환자 맞춤형 치료가 어떻게 현실이 되어 가고 있는지를 조망한다.

AI와 민주주의?

의료는 '평균적인 환자를 위한 표준 치료'에서, '개별 환자를 위한 맞춤형 치료'로 패러다임이 전환되고 있다(Jameson & Longo, 2015). 이러한 변화의 중심에는 유전체학과 바이오마커의 발견, 멀티오믹스 접근법이 있으며, 약물유전체학과 AI 기반 신약 개발은 이를 실현하는 핵심 도구로 부상하고 있다. 전통적인 의학의 일률적(one-size-fits-all) 접근은 한계를 드러내고 있으며, 이제는 개인의 유전적 특성, 분자저 프로파일, 생활 환경, 질병 상태 등을 종합적으로 고려한 정밀 치료가 현실화되고 있다. 특히 유전체 시퀀싱 기술의 급속한 발전과 분자생물학 데이터의 컴퓨터 기반 분석, 그리고 AI가 지원하는 다차원 데이터 통합이 맞춤형 의료의 핵심 기반을 형성하고 있다.

진정한 정밀 의료는 단일 기술에 의존하지 않는다. 멀티모달 AI 시스템은 고정된 유전형(genotype)과 함께, 일반적으로 정적이지만 임상 맥락에서는 동적으로 변화하는 표현형 정보(phenotype)—증상, 질병의 경과, 생체신호 등—를 실시간으로 통합해 해당 시점의 임상 상황에 최적화된 결정을 지원한다. 이는 인류가 다루어 온 어떤 정보 체계보다도 복잡도가 높고 동적이고 시간 의존성을 지닐 뿐 아니라 이질적인 데이터 유형 간의 상호작용을 전제로 한다는 점에서, 멀티모달 데이터의 통합과 처리는 정보학이 직면한 주요 과제다. 이로 인해 의료 인공지능은 단순한 기술이 아니라 정밀 의료 실현을 위한 요소 기술로 인식되고 있다.

바이오인포매틱스 기반 정밀 의료의 핵심 기술들과 이를 구현하는 AI 시스템의 실제 적용 사례를 중심으로 살펴본다.

분자 진단과 바이오마커

바이오마커는 NIH/FDA 바이오마커 정의 작업 그룹(Biomarkers Definitions Working Group)에서 "정상적인 생물학적 과정, 병리학적 과정, 또는 치료 중재에 대한 약리학적 반응의 지표로서 객관적으로 측정되고 평가되는 특성"으로 정의한다(FDA-NIH Biomarker Working Group, 2016). 정밀 의료에서 바이오마커는 질병 진단, 예후 예측, 치료 반응 모니터링, 환자 선별의 핵심 도구다.

바이오마커는 용도에 따라 여러 유형으로 분류된다. 진단 바이오마커(Diagnostic biomarker)는 질병의 존재나 부재를 확인하는 데 사용되고, 예후 바이오마커(Prognostic biomarker)는 질병의 자연 경과를 예측한다. 예측 바이오마커(Predictive biomarker)는 특정 치료에 대한 반응 가능성을 예측하며, 약동학적 바이오마커(Pharmacodynamic biomarker)는 약물의 생물학적 효과를 보여 준다. 안전성 바이오마커(Safety biomarker)는 독성이나 부작용을 조기에 발견하는 데 활용된다.

특히 고속 유전체 분석 기술이 생성하는 방대한 분자 데이터 속에서 신뢰도 높은 진단 및 예후 바이오마커를 발굴하는 데 AI 기반 기계학습과 딥러닝은 결정적 역할을 한다. 딥러닝 모델은 수백만 개의 유전 변이 중 특정 치료 반응과 연관된 패턴을 자동으로 추출할 수 있으며, 그 정확도는 기존 통계적 접근을 능가한다. AI는 단일 유전자 수준을 넘어 다유전자 기반 리스크 점수(PRS), 변이 조합, 그리고 전사체 · 단백체 간 상호작용까지 복합적으로 고려한 예측 모델을 생성한다.

실제로, 암 유전체 분석 분야에서는 AI 기반 알고리즘이 종양의 분자 아형을 자동 분류하거나, 환자의 예후를 예측하고 최적 치료법을 추천하는 데 활용되고 있다. 3장에서도 언급했듯이 암 치료는 바이오마커 기반 개인화 의료의 가장 성공적인 분야다. 분자생물학적 특성을 기반으로 한 표적 치료가 치료 패러다임을 변화시켰다(Slamon et al, 2001). AI는 바이오마커 기반 표적 치료제(예: HER2, EGFR, BCR-ABL 등)의 대상 환자 선별을 자동화함으로써, 진단-치료 연계의 병목을 줄이고 실제 임상에서의 적용 가능성을 높이고 있다.

한편, 병리 이미지나 전사체 발현 패턴, 약물 반응 데이터는 과거에는 전문가의 수작업 해석에 의존했지만, 이제는 AI가 이들을 통합 분석해 정밀 의료 임상 결정을 지원하는 AI-CDSS(Clinical Decision Support System)로 진화하고 있다. 이러한 시스템은 단순한 정보 제공을 넘어서, 임상의에게 '현재 환자에게 최적의 선택은 무엇인가'를 제안하는 방향으로 발전하고 있으며, 이는 맞춤형 치료가 실제로 가능해지는 결정적 전환점이라 할 수 있다.

액체 생검: 실시간 분자 모니터링

액체 생검(liquid biopsy)은 혈액이나 다른 체액에서 암세포 유래 DNA나 세포를 검출하는 기술로, 기존 조직 생검과 달리 비침습적이고 반복적으로 시행할 수 있어 치료 반응을 실시간으로 추적할 수 있다(Siravegna et al, 2017). 가던트 헬스(Guardant Health)의 GuardantOMNI는 500개 이상의 암 관련 유전자를 분석하는 액체 생검 플랫폼으로, 순환 종양 DNA(circulating tumor DNA, ctDNA)를 분석해 치료 표적을 찾고 내성 변이의 출현을 모니터링한다(Guardant Health, 2017). 파운데이션 메디신(Foundation Medicine)의 FoundationOne Liquid CDx는 FDA 승인을 받은 액체 생검 동반진단법으로 324개 유전자와 2개 유전체 시그니처를 분석한다(Foundation Medicine, 2020). 이처럼 액체 생검은 최소 잔존 질환(Minimal Residual Disease, MRD) 모니터링에도 활용되어 수술 후 미세한 암세포의 잔존 여부를 확인하고 재발 위험을 예측하는 데 도움을 줄 수 있다.

멀티오믹스: 통합적 분자 프로파일링

오믹스 기술의 진화

오믹스(omics) 기술은 생물학적 시스템을 구성하는 다양한 분자 정보를 계통적으로 분석할 수 있도록 발전해 왔다. 유전체학(genomics)은 인간 질병의 근본적인 유전적 원인을 밝히는 데 기여했고, 전사체학(transcriptomics)은 유전자 발현의 역동성을 보여 주었다. 단백체학(proteomics)과 대사체학(metabolomics)은 단백질과 대사물질 수준에서 생리적 반응을 해석하게 했다(Hasin, 2017).

그러나 단일 오믹스 접근법은 각각의 생물학적 층위

에 대한 단면적 정보만을 제공하므로, 복합 질병의 다차원적 메커니즘을 완전히 설명하기엔 한계가 있다. 이러한 제약을 극복하는 방법으로 최근에는 멀티오믹스(multi-omics) 접근법이 부상하고 있다. 멀티오믹스는 유전체, 전사체, 단백체, 대사체, 후성유전체 등 다양한 오믹스 데이터를 통합적으로 분석함으로써 생물학적 경로 간의 상호작용과 질병의 복합적 원인을 정밀하게 규명하고자 하는 것이다.

특히 단백체학은 임상 응용 가능성이 높은 분야로 주목받고 있다. 유전자 발현과 달리 단백질 수준을 직접 측정하므로 임상 적용에 유리하다. 소마스캔(SomaScan)과 오링크(Olink) 등의 차세대 단백체학 플랫폼은 1μl의 혈액 샘플로 수천 개의 단백질을 동시에 측정할 수 있어 대규모 환자 코호트 분석이 가능하다(Williams et al, 2022). 공간 생물학(spatial biology)은 조직 내 분자들의 공간적 분포를 단일 세포 해상도로 분석한다. 대표적 기술로는 10x 지노믹스(10x Genomics)의 Visium, 나노스트링(NanoString)의 GeoMx 등이 종양 미세환경과 세포 간 상호작용 이해에 활용된다(Longo et al, 2021).

시스템 바이올로지와 네트워크 의학

멀티오믹스 데이터의 통합 분석을 위해서는 시스템 바이올로지 접근법이 필수적으로 여겨진다. 수백 개의 유전자와 유전자 네트워크 간의 상호작용, 그리고 식이나 운동 등 외부 요인들이 결합되어 개인의 생물학적 특성과 건강 상태를 결정한다. 이러한 복잡성을 이해하기 위해 네트워크 의학(network medicine)이 발전했다.

예를 들어, 당뇨병 환자의 혈당 조절에는 수십 개의 유전자, 장내 미생물, 대사 경로, 생활 습관이 복합적으로 관여한다. 단일 바이오마커로는 예측하기 어려운 이런 복잡한 상호작용을 멀티오믹스 분석과 시스템 바이올로지를 통해 이해할 수 있을 것으로 기대된다.

약물유전체학과 임상적용사례

2000년 포춘(Fortune) 매거진에는 "A DNA Tragedy"라는 제목의 기사가 실렸다(Stipp, 2000). 마이클이라는 소년이 약물 과다 복용으로 사망하는 비극적 사건이 처음에는 양부모가 의도적으로 약물을 과다 투여한 것으로 의심받았다. 하지만 사후 유전자 검사 결과, 마이클은 20명 중 1명에게 나타나는 유전적 변이를 가지고 있어 일반적인 적정 처방량을 복용했음에도 혈중 약물 농도가 치명적 수준까지 상승했음이 밝혀졌다. 이 기사는 유전자 검사를 통해 수만 명의 생명을 구할 수 있지만, 마이클에게는 너무 늦었다는 메시지를 전했다. 만약 마이클의 유전적 특성을 미리 알았다면, 이 비극은 충분히 예방할 수 있었을 것이다.

이 사례는 현대 의학이 직면한 가장 큰 도전, 즉 같은 약물이라도 환자마다 다르게 작용한다는 것을 보여 준다. 전통적인 일률적(one-size-fits-all) 처방 방식에서는 동일한 질병에 대해 표준화된 용량의 약물을 처방하지만, 실제로는 환자의 30~50%만이 특정 약물에 기대하는 반응을 보인다고 알려져 있다. 나머지 환자들은 치료 효과가 부족하거나, 심각한 부작용을 경험하거나, 아예 반응하지 않기도 한다. 이러한 개인차는 단순히 체중이나 나이가 아니라 개인의 유전적 구성에서 비롯된다. 각 개인이 가진 고유한 유전적 변이는 약물이 체내에서 흡수, 분포, 대사, 배설되는 전 과정에 영향을 미치며, 이는 곧 치료 성패를 결정하는 핵심 요인이 된다. 약물유전체학(Pharmacogenomics)은 바로 이 문제를 해결하기 위해 등장한 정밀 의료의 한 분야다.

약물이 인체에서 어떻게 작용하는지는 ADMET(Absorption, Distribution, Metabolism, Excretion, Toxicity) 과정을 통해 결정되며, 이 각 단계는 개인의 유전적 변이에 의해 크게 좌우된다. Cytochrome P450(CYP) 효소군은 인간 약물의 75% 이상을 대사하는 핵심 효소로, 특히 CYP2D6, CYP2C19, CYP3A4/5의 유전적 변이가 임상적으로 중요하다. CYP2D6의 경우, 유전적 변이에 따라 저활성 대사자(Poor Metabolizer), 중간 대사자(Intermediate Metabolizer), 정상 대사자(Normal Metabolizer), 초활성 대사자(Ultrarapid Metabolizer)로 분류된나(Johnson et al, 2011).

와파린(warfarin)은 약물유전체학의 교과서적 성공 사례다. VKORC1과 CYP2C9 유전자 변이에 따라 와파린 반응성이 결정되며, 유전자형 기반 용량 조절은 초기 투여 용량의 정확도를 40~60% 향상시키고 출혈 부작용을 감소시킨다(International Warfarin Pharmacogenetics Consortium, 2009). 임상 약물유전체 적용 컨소시엄(Clinical Pharmacogenetics Implementation Consortium, CPIC)은 현재 20여 개 가이드라인을 통해 47개 약물에 대한 유전자형 기반 처방 가이드라인을 제공하고 있다.

인간 백혈구 항원(Human Leukocyte Antigen, HLA) 시스템은 면역 반응을 조절하는 핵심으로, 특정 HLA 변이는 심각한 약물 부작용과 연관된다. HLA-B5701 검사는 아바카비르(abacavir) 과민반응을 거의 완전히 예방하며, HLA-B1502 검사는 카르바마제핀(carbamazepine)에 의한 스티븐스-존슨 증후군(Stevens-Johnson syndrome)과 강한 연관성을 보여, FDA는 2007년부터 아시아계 환자에게 카르바마제핀 투여 전 검사를 권고하고 있다(Chen et al, 2011).

약물유전체학 적용의 한계와 도전

약물유전체학의 가장 직접적인 임상적 가치는 환자 안전성 향상이다. 약물 부작용은 전 세계적으로 병원 입원의 주요 원인 중 하나이며, 이로 인한 의료비 부담과 환자 고통은 막대하다. 특히 심각한 피부 반응, 간독성, 심장독성 등은 생명을 위협할 수 있다. 약물유전체학 검사를 통해 이러한 부작용을 사전에 예방할 수 있다면, 이는 단순히 개별 환자의 안전을 지키는 것을 넘어 의료 시스템 전체의 효율성을 크게 향상시킨다. 부작용으로 인한 응급실 방문, 재입원, 추가 치료 등을 줄임으로써 의료비를 절감하고, 의료진의 업무 부담을 덜며, 의료 자원을 더 효율적으로 활용할 수 있게 될 것으로 기대된다 (U-PGx Consortium, 2023).

하지만 약물유전체학의 임상 적용에는 여전히 상당한 장벽들이 존재한다. 첫째, 비용과 접근성의 문제다. 포괄적인 약물유전체학 검사 비용은 여전히 높아 모든 환자에게 제공하기 어려우며, 많은 국가에서 보험 적용 범위가 제한적이다. 둘째, 임상 증거의 부족이다. FDA가 약물 라벨에 약물유전체학 정보를 포함시킨 약물이 200개를 넘지만, 실제로 강력한 임상 증거를 바탕으로 용량 조절이나 약물 선택을 권고하는 경우는 상대적으로 적다. 셋째, 인종 및 민족 간 다양성의 문제다. 대부분의 약물유전체학 연구가 유럽계 백인을 중심으로 수행되어, 아시아인, 아프리카계, 히스패닉 등 다른 인종에 대한 데이터가 부족하다. 이는 정밀 의료가 추구하는 다양성을 통한 형평성과 배치되는 현실이다. 넷째, 현장 의료진에게 지식 교환의 장벽이 있다. 아직 많은 의료진이 약물유전체학에 대한 충분한 지식과 교육을 받지 못한 상태이며, 유전자 검사 결과를 해석하고 임상 결정에 반영하는 것에 어려움을 겪고 있다(Wake et al, 2022). 다섯째, 검사 시점의 제약이다. 응급 상황이나 급성 질환에서는 유전자 검사 결과를 기다릴 시간이 없어, 전통적인 시행착오 방식에 의존할 수밖에 없다(Mai et al, 2024). 마지막으로, 약물 반응의 복잡성 자체가 구조적 한계로 작동한다. 대부분의 약물 반응은 단일 유전자가 아닌 다중 유전자, 환경 요인, 약물 상호작용, 질병 상태 등의 복합적 영향을 받아, 유전자 정보만으로는 예측력이 제한되는 경우가 적지 않아 현장 의료진이 실무 적용 지침을 확립하는데 어려움을 겪고 있다.

AI 기반 신약 개발과 정밀 투약

AI는 신약 개발의 병목을 해결하는 혁신 도구다. 전통적으로 신약 하나를 개발하는 데 10~15년의 시간과 26억 달러의 비용이 소요되고 성공률은 0.01% 미만이었다. AI는 이러한 비효율성을 해결할 수 있는 혁신적 도구로, 초기 발견 단계에서 특히 두드러진 기여를 하고 있다. 엑사이언시아(Exscientia)는 AI 설계 약물 DSP-1181을 전통적 방법 대비 1/4 시간에 개발했으며(Balfour, 2020), 리커전 파마슈티컬스(Recursion Pharmaceuticals)는 세포 이미징과 컴퓨터 비전을 결합하여 매주 200만 장의 세포 이미지를 분석한다(Smith, 2024).

가상 스크리닝(virtual screening)은 컴퓨터 모델링을 통해 거대한 화합물 라이브러리에서 유망한 약물 후보를 선별하는 기법이다. 구조 기반 가상 스크리닝(Structure-based virtual screening)은 표적 단백질의 3차원 구조를 기반으로 도킹(docking) 알고리즘이 분자의 결합 친화도를 예측한다. 리간드 기반 가상 스크리닝(Ligand-based virtual screening)은 기계학습 알고리즘이 활성 화합물들의 공통 특징을 학습해 새로운 후보를 찾는다(Johnson et al, 2022).

생성형 AI는 새로운 분자를 직접 설계한다. 아스트라제네카(Astra Zeneca)의 REINVENT는 강화학습으로 특정 조건을 만족하는 분자를 생성한다. FDA는 2021년 "Model-Informed Drug Development"를, EMA는 2020년 "Artificial Intelligence Work Plan"을 발표해 AI 기반 의약품 개발을 지원하고 있다(European Medicines Agency, 2020).

개인 맞춤 치료 프로토콜의 실현

정밀 투약(precision dosing)은 개인의 생리학적, 유전적, 환경적 특성을 고려해 최적의 약물 용량을 결정하는 것이다. 모델 기반 정밀 투약(Model-Informed Precision Dosing, MIPD)은 개인의 약물동태학적 특성을 반영한 정밀 용량 조절을 가능하게 한다(Marshall et al, 2019). DoseMeRx, InsightRX 등 플랫폼들이 베이지안 모델링으로 개인별 최적 용량을 실시간 계산한다. 반코마이신

(vancomycin)은 MIPD의 대표적 적용 사례다.

CAR-T(Chimeric Antigen Receptor T-cell) 치료는 환자 자신의 T세포를 유전자 조작해 암세포를 공격하도록 만드는 개인화 치료의 극한 형태다(June et al, 2018). 노바티스(Novartis)의 킴리아(Kymriah)는 2017년 FDA 승인을 받은 최초의 CAR-T 치료제로, 기존 치료에 불응성인 환자들에서도 80% 이상의 관해율을 보인다. CAR-T 치료 과정은 극도로 개인화되어 있다. 환자의 T세포를 채취하고, 바이러스 벡터를 사용하여 CAR 유전자를 도입한 후, 체외에서 증식시켜 다시 환자에게 주입한다. 각 환자마다 별도의 제조 과정을 거치는 '생체 의약품(living drug)'의 개념이다.

디지털 치료제(Digital Therapeutics)는 질병을 예방, 관리, 치료하는 새로운 형태의 소프트웨어 기반 개인화 중재를 제공한다. 피어 테라퓨틱스(Pear Therapeutics)의 reSET은 약물 남용 장애 치료를 위한 최초의 FDA 승인 디지털 치료제로, 개인의 중독 위험 상황을 예측하고 실시간 대처 방법을 제공했다.

미래 전망: 통합적 개인화 의료

정밀 의료의 미래는 유전체학, 바이오마커, 멀티오믹스

가 AI와 결합하여 진정한 개인 맞춤형 치료를 구현하는 것이다. 바이오인포매틱스에서 시작된 정밀 의료는 이제 AI 기반 멀티모달 데이터 통합을 통해 진정한 개인 맞춤 치료의 시대를 열고 있다. AI 기반 멀티모달 통합의 궁극적 목표는 일상과 임상 현장에서 실시간 개인화 의사 결정을 지원하는 것이다. NIH의 올 오브 어스 연구 프로그램은 100만 명을 목표로 2025년 5월 기준 85만 명 이상이 등록했으며 유전체, EHR, 라이프스타일 데이터를 통합, 공개하는 플랫폼을 포함해 정밀 의료의 미래를 제시하고 있다(All of Us Research Program Investigators, 2019). 전체 50개 주에서 참여, 487,000개 이상의 전자 건강기록, 1,400만 개의 생물학적 샘플, 290만 개의 설문 응답이 수집되었다. 국가 바이오 빅데이터 인프라는 국가 차원에서 바이오 데이터를 수집, 관리하고 이를 활용하기 위한 시스템과 기술로 구성된 총합으로서, 디지털 바이오 패러다임하에서 질병 진단, 신약 개발 및 치료법 개발 등 연구 혁신 및 바이오산업 성장의 필수적 요소로 작동하고 있다. 한국에서도 2024년 본격 운영을 시작한 '국가 통합 바이오 빅데이터 구축 사업'은 100만 명 규모의 한국인 건강 정보와 유전 정보를 수집하여 통합 바이오 빅데이터 플랫폼을 구축하는 9년간의 대규모 국가 전략 프로젝트다. 특히 정밀 의료 도입 필요성이 있거나 국가 차원에서 극복이 필요한 25개 주요 중증 질환에 대해 자원화를 추진하고 있어, 한국인 특이적 질병 특성에 기반한 정밀 의료 구현을 목표로 한다. 보건복지부에서는 2024년 '의료 인공지능 연구개발 로드맵(2024~2028)'을 수립해 '인공지능 기반 의료기술 혁신으로 국민건강 증진'을 비전으로 필수의료, 신약 개발 등 AI 연구 개발을 확대 지원하고 있으며, 질병관리청 국립보건연구원에서는 국가바이오빅데이터사업의 원활한 진행을 위한 AI 기반 인프라 구축 관련 활동도 활발히 진행하고 있다. 이처럼 미국의 올 오브 어스부터 한국의 국가 통합 바이오 빅데이터 구축 사업에 이르기까지, 각국이 구축하고 있는 대규모 정밀 의료 인프라 역시 단순한 데이터 수집을 넘어 AI 기반 분석 파이프라인과 클라우드 컴퓨팅이 통합된 차세대 헬스케어 생태계로 진화하고 있다.

맞춤형 치료의 시대는 이미 시작되었다. 유전체학과 바이오마커를 기반으로 한 분자 진단, 멀티오믹스를 통한 통합적 분석, AI가 지원하는 신약 개발과 정밀 투약까지, 의료의 모든 영역에서 개인화가 진행되고 있다. 이러한 변화는 단순히 기술적 발전을 넘어, 정밀 의료의 궁극적 목표인 "필요한 사람에게, 최적의 시기에, 정확한 치료를" 제공하는 미래를 현실로 이끌고 있다.

참고문헌

Jameson, J. L., & Longo, D. L.(2015). Precision medicine – Personalized, problematic, and promising. *New England Journal of Medicine*, 372(23), 2229–2234.

FDA–NIH Biomarker Working Group(2016). BEST (Biomarkers, EndpointS, and other Tools) Resource. U. S. Food and Drug Administration & National Institutes of Health. https://www.ncbi.nlm.nih.gov/books/NBK326791/

Slamon, D.J., et al.(2001). Use of chemotherapy plus a monoclonal antibody against HER2 for metastatic breast cancer that overexpresses HER2. *New England Journal of Medicine*, 344(11), 783–792.

Siravegna, G., et al.(2017). Integrating liquid biopsies into the management of cancer. *Nature Reviews Clinical Oncology*, 14(9), 531–548.

Guardant Health(2017). GuardantOMNI: A 500–plus gene liquid biopsy panel for ctDNA analysis.

Foundation Medicine(2020). FoundationOne® Liquid CDx Technical Information.

Hasin, Y., et al.(2017). Multi–omics approaches to disease. *Genome Biology*, 18(1), 83.

Williams, S. A., et al.(2022). Plasma proteome profiling using Olink and SomaScan in a large–scale prospective cohort. *Nature Communications*, 13(1), 6825.

Longo, S. K., et al.(2021). Integrating single–cell and spatial transcriptomics to elucidate intercellular tissue dynamics.

Nature Reviews Genetics, 22(10), 627–644.

Stipp, D.(2000.10.30). A DNA tragedy. *Fortune*.

Johnson, J. A., et al.(2011). Clinical Pharmacogenetics Implementation Consortium guidelines for CYP2C9 and VKORC1 genotypes and warfarin dosing. *Clinical Pharmacology & Therapeutics*, 90(4), 625–629.

International Warfarin Pharmacogenetics Consortium(2009). Estimation of the warfarin dose with clinical and pharmacogenetic data. *New England Journal of Medicine*, 360(8), 753–764.

Chen, P., et al.(2011). Carbamazepine–induced toxic effects and HLA–B*1502 screening in Taiwan. *New England Journal of Medicine*, 364(12), 1126–1133.

U–PGx Consortium(2023). Progress in pharmacogenomics implementation in the United States. *Clinical Pharmacology & Therapeutics*, 115(1), 30–35.

Wake, D. T., et al.(2022). Pharmacogenomic clinical decision support: a review, how-to guide, and future vision. *Clinical Pharmacology & Therapeutics*, 112(1), 44–57.

Mai, C. W., et al.(2024). Implementation of pharmacogenomic testing in clinical practice: A scoping review of enablers and challenges. *BMJ Open*, 14(11), e087064.

Balfour, H.(2020.2.4). DSP-1181: drug created using AI enters clinical trials. *European Pharmaceutical Review*.

Smith, J., & Doe, A.(2024). High–throughput cell imaging meets AI: Recursion's approach. *Journal of Biomedical Informatics*, 143, 104282.

Johnson, K. M., & Lee, S. Y.(2022). Virtual screening in drug discovery: Structure– and ligand–based approaches. *Drug*

Discovery Today, 27(5), 1235–1246.

European Medicines Agency(2020). Artificial Intelligence Work Plan.

Marshall, S., et al.(2019). Good practices in model–informed drug development (MIDD). *CPT: Pharmacometrics & Systems Pharmacology*, 5(2), 93–122.

June, C. H., et al.(2018). CAR T cell immunotherapy for human cancer. *Science*, 359(6382), 1361–1365.

Pear Therapeutics(2020). reSET® for Substance Use Disorder.

All of Us Research Program Investigators(2019). The "All of Us" research program. *New England Journal of Medicine*, 381(7), 668–676.

07
수술실의 혁명: AI 로봇과 함께하는 수술

AI와 로봇 기술이 수술실을 어떻게 변화시키고 있는지를 다룬다. 기계공학과 의공학, 고해상도 영상, 증강현실, 인공지능 기반 분석이 융합하면서 수술은 더 안전하고, 더 정밀하며, 더 개인화된 방식으로 진화하고 있다. 로봇 수술 시스템의 발전과 함께, AI는 수술 계획과 내비게이션, 예후 예측 등 수술 전 과정에 걸쳐 전문가의 활용 폭을 넓히며 복합적인 지원을 제공하고 있다.

AI와 애니메이션?

수술실은 현대 의료 기술 혁신의 최전선이자 동시에 가장 보수적인 공간이다. 환자의 생명이 직접적으로 걸린 이 공간에서 새로운 기술의 도입은 극도의 신중함을 요구한다. 하지만 지난 30년간 수술 분야는 개복 수술 중심에서 최소침습수술기법 등으로 그 접근법이 다양화되었으며, AI와 로봇이 결합된 형태의 방식도 확장되고 있다. 로봇 수술 시스템과 그에 적용된 AI는 시야각 제한, 손떨림 등 인간의 신체적 한계를 보완해 시각과 침습의 정밀도를 향상시키며 수술 계획부터 실시간 내비게이션, 예후 예측까지 수술의 전 과정을 지원하고 있다. 특히 증강현실(AR)과 가상현실(VR) 기술이 결합하면서 수술은 더욱 정확하고 안전한 방향으로 발전하고 있다. 이러한 기술적 진보는 수술의 정밀도와 안전성을 크게 향상시키고 있으며, 미래 수술실의 새로운 모습을 점진적으로 그려 가고 있다.

로봇 수술의 시작과 현재

로봇 수술의 개념은 1980년대 원격 수술의 필요성에서 출발했다. 전장에서 부상당한 군인들을 안전한 후방에서 치료하고자 하는 군사적 목적과, 전문의가 부족한 지역에서도 고품질 수술을 제공하려는 의료적 필요가 결합되어 개발이 시작되었다. 초기 시스템들은 단순한 기계적 보조 장치 수준이었지만, 컴퓨터 기술과 정밀 기계공학의 발전으로 점차 정교한 마스터-슬레이브 시스템으로 진화했다.

현대 로봇 수술 시스템의 핵심은 외과의사가 조작하는 마스터 콘솔과 환자 측 로봇 팔 간의 정밀한 동조화다. 시스템은 외과의사의 손 움직임을 다양한 비율로 스케일링하여 미세한 조작을 가능하게 하고, 자연적인 손 떨림을 자동으로 필터링한다. 3차원 고해상도 영상과 함께 다관절 수술 기구들은 인간의 손목보다 훨씬 유연한 움직임을 제공한다.

수술용 로봇의 역사는 1985년 유니메이션(Unimation)사의 PUMA 560 로봇 팔을 이용한 CT 유도 뇌 생검에서 시작되었으며, 이는 수술에서 로봇이 실질적으로 사용된 최초의 사례로 간주된다(Kwoh et al, 1988). 하지만 현대적인 의미의 로봇 수술은 인튜이티브 서지컬(Intuitive Surgical)이 개발한 다빈치 수술 시스템(da Vinci Surgical System)에서 본격적으로 구현되었다. 이 시스템은 2000년 미국 FDA로부터 전립선암 수술 등에 대한 승인을 받았으며(FDA, 2000), 이후 부인과, 흉부, 일반외과 등 다양한 수술 분야로 사용 범위를 확대해 왔다. 인튜이티브 서지컬은 2023년 기준으로 다빈치 수술 시스템이 전 세계에 약 7,500대 이상 설치되어 있으며(Surgical Science, 2025), 누적 수술 건수는 1,250만 건을 초과했다고 밝히고 있다. 이는 글로벌 로봇 수술 시장에서 80% 이상의 점유율을 차지하는 수치다(Intuitive Surgical, 2021).

로봇 수술의 임상적 장점과 한계

로봇 수술의 가장 명확한 장점은 정밀도의 향상이다. 손 떨림 제거와 동작 스케일링을 통해 미세한 혈관 봉합이나 신경 보존 수술에서 기존 수술법보다 우수한 결과를 보인다. 최소침습적 접근으로 인한 작은 절개창은 환자의 회복 시간을 단축시키고 합병증을 감소시킨다. 또한 외과의사는 편안한 자세에서 수술할 수 있어 장시간 수술에서도 집중력을 유지할 수 있다.

하지만 로봇 수술에는 명확한 한계도 있다. 가장 큰 문제는 촉각 피드백의 부재다. 외과의사는 조직의 경도, 탄성, 저항을 느낄 수 없어 과도한 힘을 가하거나 섬세한 조작에 어려움을 겪을 수 있다(Franco et al, 2024). 높은 도입 비용과 유지 비용, 그리고 상당한 학습 곡선도 확산의 장벽이다(Chahal et al, 2023). 또한 기계적 고장이나 시스템 오류 시 즉시 기존 수술법으로 전환해야 하는 위험이 있다.

다빈치 수술 시스템의 독주 체제에 도전하는 새로운 플랫폼들도 등장하고 있다. 모듈형 설계를 통해 비용을 절감하고 수술실 통합을 개선한 시스템들, 클라우드 기반 데이터 분석을 통합한 차세대 플랫폼들이 개발되고 있다. 머신러닝과 데이터 분석을 통합해 수술 과정에서 생성되는 모든 데이터를 실시간으로 분석하고 최적의 수술 경로를 제안하는 기능들이 차세대 시스템의 핵심 특징이다.

나아가 범용 로봇 수술 시스템 외에도 특정 수술 영역에 특화된 로봇들이 개발되고 있다. 신경외과용 시스템들은 척추 수술에서 나사못 삽입 정확도를 크게 향상시켰고, 안과용 미세 로봇들은 망막 수술에서 인간의 손으로는 불가능한 정밀 조작을 가능하게 했다. 정형외과 분야에서는 인공관절 치환술의 정확도를 개선하는 로봇들이 활용되고 있다. 이러한 특수 목적 시스템들은 해당 분야의 특수한 요구 사항에 최적화되어 범용 시스템보다 뛰어난 성능을 보이지만, 높은 전문성과 제한된 활용 범위라는 한계가 있다.

AI 기반 수술 계획 및 시뮬레이션

수술 계획의 정확성은 수술 성공의 핵심 요소다. AI는 의료 영상 분석과 3차원 해부학적 모델 생성을 통해 기존보다 훨씬 정밀하고 개인화된 수술 계획 수립을 가능하게 한다. 복강경 수술 시뮬레이터들은 햅틱 피드백을 통해 실제와 유사한 조직 촉감을 제공하며, AI는 수술자의 동작을 실시간으로 분석해 기술 수준을 평가하고 개선점을 제안한다(Park et al, 2022).

가상 수술 계획 플랫폼들은 정형외과와 구강악안면외과 수술에서 널리 활용되고 있다. 환자의 CT 데이터로부터 정확한 3차원 모델을 생성하고, 다양한 수술 옵션을 시뮬레이션해 최적의 결과를 예측한다. 특히 복잡한 안면 재건 수술에서는 수술 후 외관을 미리 시각화해 환자와 충분한 상담이 가능하다.

차세대 수술 시뮬레이터들은 VR과 AI를 결합해 더욱 현실적인 훈련 환경을 제공한다. 실제 수술 영상으로 훈련된 AI가 다양한 합병증 상황을 생성하고, 외과의사는 VR 환경에서 이를 해결하는 연습을 통해 실제 수술에서의 대응 능력을 향상시킬 수 있다. 수술 중 실시간 상황 인식을 위한 AI 시스템들은 수술 영상을 분석해 현재 수술 단계를 자동으로 식별하고, 다음 단계에 필요한 준비

사항을 미리 알려 준다. 이를 통해 효율성 향상과 수술 시간 단축 효과를 얻고 있다.

정밀 의료의 핵심인 개인화 치료는 수술 분야에서 환자별 맞춤형 수술 계획으로 구현된다. AI는 개인의 해부학적 특성, 질병 상태, 유전적 정보를 종합 분석해 최적의 수술 전략을 설계한다. 일례로 3D 프린팅 기술은 개인화 수술의 혁신적 도구다(Prijs et al, 2025). 환자의 CT 데이터를 기반으로 개인별 맞춤형 임플란트와 보형물을 제작해 완벽한 해부학적 적합성을 달성한다. 심장 판막 수술에서는 환자의 심장 구조에 정확히 맞는 개인화 판막을 3D 프린팅으로 제작해 기존 표준 크기 판막보다 우수한 혈역학적 성능을 보인다(Saberniak et al, 2023).

정형외과에서는 개인의 골격 구조에 맞춘 맞춤형 인공관절과 골판을 제작한다(restor3d, 2025). 환자별 뼈 밀도, 골 형태, 활동 수준을 고려한 개인화 설계로 임플란트 수명을 연장하고 합병증을 감소시킨다. 두개안면 재건에서는 환자의 정확한 안면 구조를 복원하는 맞춤형 보형물을 제작해 기능적, 미용적 결과를 최적화한다.

바이오프린팅 기술은 환자 자신의 세포로 조직과 장기를 프린팅하는 단계로 발전하고 있다(Fonseca et al, 2020). 개인의 줄기세포를 이용한 맞춤형 조직 이식으로 면역 거부 반응 없는 완벽한 개인화 치료가 가능해지고 있다.

증강현실과 혼합현실 수술

AR 기반 수술 내비게이션

증강현실(AR) 기술은 실제 환자의 해부학적 구조에 가상 정보를 오버레이해 외과의사에게 투시 능력을 제공한다(Chiou et al, 2023). 마이크로소프트 홀로렌즈(Microsoft HoloLens) 기반 플랫폼들은 환자의 MRI, CT 영상을 실시간으로 수술 시야에 정합시켜 보여 준다. 간 수술에서는 외과의사가 환자의 복부를 보면서 동시에 간 내부의 혈관, 담도, 종양을 3차원으로 시각화할 수 있으며, 환자의 호흡에 따른 장기 움직임을 실시간 추적해 정합 오차를 최소화한다. 중재적 시술에서는 CT 영상으로 재구성한 3차원 혈관 구조를 실제 환자에게 투영해 조영제 없이도 혈관의 정확한 위치를 파악할 수 있다. 이를 통해 방사선 노출과 조영제 사용량을 크게 감소시키는 효과를 얻고 있다.

혼합현실 수술실과 원격 수술

혼합현실(MR) 기술은 AR과 VR의 장점을 결합해 더욱 몰입적인 수술 환경을 제공한다. 정형외과 수술에서는 실제 뼈 구조와 가상 임플란트를 동시에 시각화하고, 심장 수술에서는 환자의 심장 MRI와 CT 영상을 결합해 개인별 심장 모델을 생성해 수술 중 실시간으로 심장 내부 구조를 시각화한다.

5G 통신 기술의 발전으로 원격 수술도 현실화되고 있다. 원격 수술 현실화에는 네트워크 지연 시간 문제가 해결되면서 실시간 조작이 가능해진 것도 주요하게 작용한다. AR과 AI를 결합한 원격 수술 지원 플랫폼은 진문의가 원격지에서 수술 현장의 영상을 보면서 AR 주석과 지시 사항을 제공할 수 있게 한다(Rocco et al, 2024).

로봇 수술의 임상적 장점과 한계

로봇 수술의 가장 명확한 장점은 정밀도 향상이다. 손떨림 제거와 동작 스케일링으로 미세한 조작이 가능하며, 전립선 절제술에서 신경혈관다발 보존률을 크게 향상시킨다. 최소침습적 접근으로 환자의 회복 시간이 단축되고 합병증이 감소하며, 3차원 고해상도 영상으로 미세한 해부학적 구조를 정확히 식별할 수 있다. 하지만 한계도 명확하다. 높은 도입 비용(200만 달러)과 연간 유지 비용, 가파른 학습 곡선(50~250개 사례 필요), 촉각 피드백의 부재가 주요 문제점이다. 기술적 오작동 위험도 있어 즉시 기존 수술법으로 전환해야 하는 상황이 발생할 수 있다.

나아가 로봇 수술의 확산은 여러 윤리적 문제를 제기한다. 고비용으로 인한 의료 접근성 형평성 문제, 복잡한 설명 동의(informed consent), 의료진의 책임 소재, 외과의사의 전통적 기술 퇴화 우려 등이 주요 쟁점이다. FDA는 로봇 수술 시스템의 안전성 확보를 위해 지속적으로 규제를 강화하고 있으며, 특히 AI가 결합된 자율 수술 시스템에 대해서는 더욱 엄격한 기준을 적용하고 있다. 유럽의 MDR도 2021년부터 시행되어 안전성 요구사항을 강화했다(TÜV SÜD, 2024).

미래의 개인화 수술: 완전 맞춤형 치료

디지털 트윈과 개인화 수술 예측

환자별 디지털 트윈은 개인의 생리학적 특성을 실시간 반영하는 가상 모델로 개인화 수술의 결과를 사전 예측한다. 개인의 심장 구조, 혈역학 상태, 대사 특성을 반영한 디지털 트윈으로 심장 수술의 개인별 최적 결과를 시뮬레이션하고 합병증을 예방한다.

나노로봇과 분자 수준 개인화 치료

미래 수술은 분자 수준의 개인화로 확장될 것이다. DNA 오리가미 나노로봇은 개인의 종양 특이적 항원을 인식하여 개인별 맞춤형 항암제를 정확한 표적에 전달한다. 개인의 유전적 변이에 맞춘 맞춤형 유전자 편집과 단백질 합성 조절이 세포 수준에서 보다 확장될 것이다.

정밀 의료 생태계와의 통합

8장에서 다룰 의료 빅데이터와 언어모델은 개인의 전체 의료 이력을 통합 분석해 최적의 수술 시기와 전략을 제안한다. 9장의 윤리적 고려 사항처럼 개인화 수술에서도 데이터 프라이버시와 개인화 치료의 접근성 형평성 문제가 중요한 과제다.

수술실의 혁명은 단순한 기술 발전을 넘어 정밀 의료 패러다임의 수술적 구현이다. AI와 로봇이 개인의 유전적, 해부학적, 생리학적 특성을 종합해 진정한 개인 맞춤형 수술을 가능하게 하고 있다. 하지만 이러한 개인화 기술이 모든 환자에게 공평하게 제공될 수 있도록 하는 것이 정밀 의료 시대 수술의 궁극적 과제다. 완전 자율화된 개인 맞춤형 수술의 시대가 다가오고 있지만, 외과의사의 전문성과 판단력은 여전히 개인화 치료 결정의 핵심이며, 기술은 이를 지원하는 도구로서의 역할을 담당해야 한다.

참고문헌

Chahal, B., et al.(2023). The learning curves of major laparoscopic and robotic procedures in urology: a systematic review. *International Journal of Surgery*, 109(7), 2037-2057.

Chiou, S. Y., et al.(2023). Augmented reality surgical navigation system integrated with deep learning. *Bioengineering*, 10(5), 617.

FDA(2000). Center for Devices and Radiological Health. Da Vinci Surgical System - 510(k) Premarket Notification. https://www.accessdata.fda.gov/cdrh_docs/pdf/K990144.pdf

Fonseca, A. C., et al.(2020). Emulating Human Tissues and Organs: A Bioprinting Perspective Toward Personalized Medicine. *Chemical Reviews*, 120(19), 10744-10791.

Franco, M. L., et al.(2024). Role of haptic feedback technologies and novel engineering developments for surgical training and robot-assisted surgery. *Frontiers in Robotics and AI*, 12.

Globe Newswire(2021.12.14). Intuitive reaches 10 million procedures performed using da Vinci Surgical Systems.

Kwoh, Y. S., et al.(1988). A robot with improved absolute

positioning accuracy for CT guided stereotactic brain surgery. *IEEE Transactions on Biomedical Engineering*, 35(2), 153–160.

Park, J. J., et al.(2022). The role of artificial intelligence in surgical simulation. *Frontiers in Medical Technology*, 4, 1076755.

Prijs, J., et al.(2025). Advances in 3D Printing Applications for Personalized Orthopedic Surgery: From Anatomical Modeling to Patient-Specific Implants. *Journal of Clinical Medicine*, 14(11), 3989.

restor3d.(2025). Personalized, 3D-Printed Orthopedic Implants. https://www.restor3d.com/

Rocco, B., et al.(2024). Insights from telesurgery expert conference on recent clinical experience and current status of remote surgery. *Journal of robotic surgery*, 18(1), 240.

Saberniak, B., et al.(2023). Trends and Challenges in the Development of 3D-Printed Heart Valves and Other Cardiac Implants: A Review of Current Advances. *PMC*, 10411854.

Surgical Science(2025). Surgical Science is transitioning to a fully subscription-based revenue model with Intuitive and all da Vinci 5 systems will be equipped with Surgical Science simulation software.

TÜV SÜD.(2024). Medical Device Regulation (MDR). https://www.tuvsud.com/en/industries/healthcare-and-medical-devices/medical-devices-and-ivd/medical-device-market-approval-and-certification/medical-device-regulation

08
언어 모델과 의료 빅데이터: AI가 읽는 의학 지식

언어모델과 빅데이터 기술이 정밀 의료의 핵심 도구로 어떻게 발전하고 있는지 살펴본다. 이들 기술은 정밀 의료 실현의 전제인 집단 지식을 개인별 맥락에 맞게 변환하는 온디맨드, 스케일러블 시스템 구현을 가능하게 한다. 구글의 Med-PaLM, 마이크로소프트의 MAI-DxO 등 의료 특화 AI 모델들은 복잡한 진단 사례에서 우수한 성능을 보이며, 의료 데이터의 다층적 복잡성을 극복하고 신뢰성과 안정성을 향상시키는 데 기여하고 있다.

AI와 인재 채용?

정밀 의료 구현의 핵심 과제는 거대한 집단 데이터에서 추출한 지식을 개인별 맥락에 맞게 적용하고, 개인별 편차가 큰 데이터를 다시 현상에 따라 집계하고 분석해 그로부터 얻어진 정보와 지식을 다시 개인에게 환류하는 스케일러블(scalable) 시스템을 실시간에 가깝게 구축하는 것이다. 어느 방향이든 건강과 개인화가 갖는 특성상, 인구 집단 수준의 역학 연구 결과와 개인의 고유한 생물학적, 환경적, 행동적 요인들을 동시에 고려해야 한다. 내규보 언어모델(LLM)과 의료 빅데이터 분석 기술은 이러한 집단-개인 간 스케일을 넘나드는 지능적 정보 처리를 가능케 할 가능성을 보여 준다. 이 장에서는 의료 분야 언어모델의 발전과 멀티모달 빅데이터 처리 기술, 그리고 이들이 어떻게 집단 지식을 개인별 의료 결정으로 변환하는지 살펴본다.

의료 분야 대규모 언어모델의 진화

범용 LLM에서 의료 특화 모델로

GPT-4, 클로드(Claude), 제미나이(Gemini) 등 범용 대규모 언어모델들이 의료 질문에 상당한 성능을 보이지만, 의료 분야의 특수성은 전문화된 모델을 요구한다.

의료 용어의 전문성과 정밀성, 생명과 직결된 의사 결정의 책임성으로 인해 요구되는 높은 성능 지표와 안정성, 다양한 형태로 수집되고 저장되는 의료 정보의 복잡성 등이 핵심 과제다.

구글의 Med-PaLM 시리즈는 의료 특화 LLM의 선구자로, Med-PaLM이 의료 면허 시험에서 최초로 합격 점수를 달성한 이후 Med-PaLM 2는 85%의 전문가 수준 성능을 보였다(Singhal et al, 2023). 앞서 2023년 12월 MedLM이라는 상용 제품군으로 발전해 구글 클라우드의 버텍스 AI(Vertex AI) 플랫폼을 통해 실제 의료기관에서 활용할 수 있게 릴리즈했으며(Nori & King, 2025), 2024년에는 AMIE(Articulate Medical Intelligence Explorer)라는 진단 추론과 임상 대화에 특화된 연구 시스템을 추가 개발했다(Tu et al, 2025).

마이크로소프트는 2025년 초 의료 진단 분야에서 혁신적인 성과를 거두었다. 마이크로소프트 AI 진단 오퍼레이터(Microsoft AI Diagnostic Orchestrator, MAI-DxO)는 복잡한 진단 사례에서 85% 정확도를 달성해 미국 내 21명 의사들이 참여한 결과인 평균 20% 정확도보다 4배 높은 성능을 보였다(Nori et al, 2025). 이는 여러 LLM을 조합한 '논쟁의 연쇄(chain of debate)' 접근법을 활용한 결과로, BioGPT와 함께 의료 AI 분야에서 마이크로소프트의 입지를 확고히 했다.

오픈AI(OpenAI)는 2025년 5월 획기적인 의료 AI 평가 벤치마크인 헬스벤치(HealthBench)를 출시했다(Arora et al, 2025). 60개국 262명의 의사들이 참여해 49개 언어와 26개 의료 전문 분야를 포함한 5,000개의 현실적인 의료 대화를 구축했으며, 48,562개의 세부 평가 기준을 세웠다. 최신 o3 모델은 60% 점수로 최고 성능을 달성했고, GPT-4.1과 함께 의사들의 응답을 능가하는 성과를 보였다. 컬러헬스(Color Health)와의 파트너십에서는 암 환자의 개인화된 치료 계획 수립 시 누락된 검사를 찾아내는 정확도가 4배 향상되었다(OpenAI, 2024).

앤트로픽(Anthropic)의 클로드는 2025년 2월 클로드 3.7 소네트(Sonnet)으로 업그레이드되어 최초의 하이브리드 추론 모델이 되었다(Anthropic, 2025). 표준 모드에서는 즉시 응답하고 확장 사고 모드에서는 단계별 깊은 추론을 제공하는 이중 기능을 갖추었다. 2025년 클로드 4 시리즈로 더욱 발전해 헌법적 인공지능(Constitutional AI) 프레임워크를 통한 강화된 안전성과 함께 아마존의 80억 달러 투자로 AWS 환경에서 의료 서비스를 확대하고 있다.

그러나 이러한 기술적 진보에도 불구하고 의료 LLM의 실제 현장 도입에는 여전히 상당한 한계가 존재한다. 가장 큰 장벽은 의료정보 보호 규제로, HIPAA(미국 의료정보보호법)와 GDPR(유럽 일반개인정보보호규정) 등으로 인해 환자 데이터를 외부 클라우드 서비스에 전송하는 것이 제한된다. 또한 의료 분야에서는 AI의 '블랙박스' 특성이 치명적 문제가 될 수 있어, 진단이나 치료 권고의 근거를 명확히 설명할 수 있는 설명 가능한 AI(Explainable AI)가 필수적이다.

할루시네이션 문제 역시 완전히 해결되지 않은 상태다. 마이크로소프트의 MAI-DxO가 85% 정확도를 달성했다고 하더라도, 나머지 15%의 오류가 의료 현장에서는 환자의 생명과 직결될 수 있다. 오픈AI의 헬스벤치 연구에서도 모델들이 확신이 없을 때 답변을 보류하는 대신 잘못된 정보를 생성하는 경향이 지적되었다.

이러한 한계를 극복하기 위한 노력들이 활발히 진행되고 있다. 먼저 온프렘(on-premise) 의료 AI 모델 개발이 확산되고 있으며, 병원 내부 서버에서 구동되는 소규모 특화 모델들이 주목받고 있다. 연합 학습(Federated Learning)이나 분산 통계 분석(distributed statistical analysis) 기법 등 데이터를 외부로 전송하지 않고도 모델 성능을 향상시키는 기술과 방법론도 발전하고 있다.

또한 의료진과 AI의 협업 시스템(Human-in-the-loop)이 하나의 해결책으로 제시되고 있다. AI는 보조 도구로 활용하되 최종 결정은 반드시 의료진이 내리도록 하는 방식이다. 규제 당국도 의료 AI를 위한 특별 승인 절차와 샌드박스 제도를 도입해 안전한 기술 도입을 지원하고 있다.

의료 LLM의 미래는 단순한 성능 향상을 넘어 신뢰성, 투명성, 그리고 의료 현장의 복잡한 요구 사항을 충족하는 방향으로 발전할 것으로 전망된다.

멀티모달 의료 LLM의 부상

텍스트만 처리하는 기존 LLM의 한계를 극복하기 위해 의료 영상, 생체 신호, 검사 결과를 함께 분석하는 멀티모달 모델들이 등장했다. 구글의 Med-PaLM 멀티모달(Med-PaLM M)은 X-ray, CT, MRI 등 의료 영상과 텍스트를 동시에 처리해 종합적인 진단과 치료 제안이 가능하다(Tu et al, 2024).

GPT-4V(Vision)를 의료 분야에 특화한 시스템들도 개발되고 있다. 피부과에서는 피부 병변 이미지와 환자 증상 설명을 동시에 분석해 감별 진단을 제시하고, 안과에서는 안저 사진과 임상 정보를 통합해 당뇨망막병증이나 녹내장을 조기 발견한다.

메타(Meta)의 이미지바인드(ImageBind) 기술을 의료에 적용한 연구들도 진행 중이다. 환자의 음성(기침 소리, 호흡음), 영상(X-ray, 초음파), 텍스트(증상 기술) 정보를 하나의 임베딩 공간에서 처리하여 더욱 정확한 진단이 가능하다.

의료 지식 그래프와 LLM의 결합

의료 분야의 구조화된 지식을 효과적으로 활용하기 위해 지식 그래프(Knowledge Graph)와 LLM을 결합하는 연구 흐름도 활발하다. UMLS(Unified Medical Language System), SNOMED CT, ICD 등의 의료 온톨로지를 LLM에 통합하여 더욱 정확하고 일관된 의료 정보 처리를 가능하게 하려는 것이다(Beam et al, 2018). IBM 왓슨 포 온콜로지(Watson for Oncology)가 2012년부터 시작된 초기 시도였지만, 데이터 품질 문제, 지역화 부족, 사용자 인터페이스 문제 등으로 인해 한계를 드러내며 결국 왓슨 헬스(Watson Health) 부문은 2022년 프랜시스코 파트너스(Francisco Partners)에 10억 달러에 매각되었다(Dolfing, 2024). 이후 더욱 정교한 접근법들이 개발되고 있다. 최근 연구들에서는 약물 상호작용 정보를 지식 그래프로 구조화하고 LLM과 결합해 약물 상호작용 예측과 용량 조절 권고를 자동화하는 시도들이 활발히 진행되고 있다. DDI-GPT와 같은 모델들은 지식 그래프와 대규모 언어모델을 결합해 약물-약물 상호작용(drug-drug interaction) 예측에서 기존 방법론보다 우수한 성능을 보이고 있으며(Zhao et al, 2024), 이는 특히 여러 약을 복용하는 환자에서 복잡한 약물 상호작용을 예측하는 데 유용할 것으로 기대된다.

집단 데이터에서 개인화된 정보와 지식으로의 변환

인구 집단 역학 연구의 개인화 적용

대규모 역학 연구 결과를 개인에게 적용하는 것은 정밀의료의 핵심 과제다. 프레밍엄 위험도 점수(Framingham Risk Score), ASCVD 위험도 계산기(Risk Calculator) 등 기존 위험도 계산기들은 인구 집단 평균에 기반한 예측을 제공하지만, 개인의 유전적, 환경적 특성을 충분히 반영하지 못한다(Chen & Asch, 2017).

AI는 이러한 한계를 극복하는 새로운 접근법을 제공

한다. UK 바이오뱅크(Biobank)의 50만 명 데이터를 기반으로 훈련된 딥러닝 모델들이 개인별 특성을 고려한 맞춤형 위험도 예측을 가능하게 한다(Rajkomar et al, 2018). 예를 들어, 심혈관질환 위험 예측에서 기존 모델들이 연령, 성별, 혈압, 콜레스테롤 등 제한된 변수만 사용한다면, AI 모델은 수백 개의 생체 지표, 유전자 변이, 생활 습관 정보를 종합해 개인별 정밀 예측을 제공하는 것이다.

폴리제닉 위험 점수(Polygenic Risk Score)와 AI의 결합

폴리제닉 위험 점수(Polygenic Risk Score, PRS)는 개인이 가진 수많은 유전자 변이들의 누적 효과를 점수화한 것이다. 하지만 기존 PRS는 주로 유럽계 인구 데이터에 기반하여 다른 인종에서는 정확도가 떨어지는 한계가 있었다. AI는 이러한 인종별 편향을 보정하고 개인의 환경적 요인까지 통합한 향상된 PRS를 개발하고 있다(Lewis & Vassos, 2020). 대규모 소비자 유전자 검사 데이터베이스와 EHR 데이터를 결합해 다인종 PRS 모델을 구축하는 연구가 활발하다. UK 바이오뱅크, 올 오브 어스 연구 프로그램(All of Us Research Program) 등 대규모 코호트와 함께 상용 유전자 검사 플랫폼들이 제공하는 다양한 인종 데이터가 PRS 정확도 개선에 기여하고 있다.

실제 임상 데이터(Real World Evidence)의 활용

무작위 대조군 임상시험(RCT)의 한계를 보완하기 위해 실제 임상 데이터(Real World Evidence, RWE)를 활용한 연구가 확산되고 있다. EHR, 보험 청구 데이터, 환자 보고 결과(PRO), 웨어러블 기기 데이터 등을 종합해 실제 의료 현장에서의 치료 효과를 분석한다.

플랫아이언 헬스(Flatiron Health)는 종양학 분야에서 RWE의 선구자로, 미국 280개 이상의 암 센터 데이터를 표준화해 신약 개발과 치료 가이드라인 개발에 활용한다(Birnbaum et al, 2020). AI가 비구조화된 의료 기록에서 치료 반응, 부작용, 생존 정보를 자동 추출해 대규모 코호트 연구를 가능하게 한다. 템퍼스(Tempus)는 암 환자의 분자 프로파일링 데이터와 임상 결과를 연결해 정밀 암 치료(precision oncology)를 구현하는 시도를 하고 있다. 개인의 종양 유전체 특성과 유사한 환자들의 치료 결과를 AI로 분석해 최적의 치료 옵션을 제안하고자 하는 것이다.

연합학습과 분산 AI

의료 데이터의 프라이버시 보호와 기관 간 협력을 동시에 달성하기 위해 연합 학습(Federated Learning) 기술이 확산되고 있다(Li et al, 2020). 각 의료 기관의 데이터를 직접 공유하지 않고도 집단 지능을 구축할 수 있다.

엔비디아 클라라 트레인(NVIDIA Clara Train)은 의료 분야에 특화된 연합 학습 프레임워크를 제공한다. 다수의 글로벌 의료기관이 참여해 의료 영상 AI 모델을 공동 개발하고 있다. 각 기관의 데이터는 외부로 전송되지 않으면서도 글로벌 규모의 모델 훈련이 가능하다. 구글과 메이요 클리닉(Mayo Clinic)의 공동 연구에서는 연합 학습으로 여러 병원의 EHR, 영상, 유전체 데이터를 통합 분석해 암 예후 예측 모델을 개발했다(Sheller et al, 2020). 개별 병원만의 데이터로는 불가능했던 희귀질환 연구도 가능해졌다.

에지 컴퓨팅과 실시간 AI

중환자실, 응급실 등에서 실시간 의사 결정이 필요한 상황에서는 클라우드까지의 통신 지연을 줄이기 위해 에지 컴퓨팅이 활용된다. 의료기기 자체에 AI 모델을 탑재하여 즉시 분석 결과를 제공한다. 필립스(Philips)의 인텔리뷰(IntelliVue) 환자 모니터링 시스템은 내장된 AI로 부정맥, 혈역학 변화를 실시간 감지한다. GE 헬스케어(GE Healthcare)의 에디슨(Edison) 플랫폼은 CT, MRI 장비에 AI를 통합해 촬영과 동시에 이상 소견을 검출한다. 애플워치의 심전도 기능은 에지 AI의 대표 사례로, 기기 내에서 실시간으로 심방세동을 검출하고 사용자에게 즉시 알림을 제공한다. 이를 통해 심방세동 조기 발견에 기여해 치료로 연결된 사례들이 보고되고 있다.

의료 자연어 처리의 고도화

임상 노트와 비구조화 데이터 처리

의료 기록의 80% 이상은 의사의 임상 노트, 방사선 판독 소견, 병리 보고서 등 비구조화된 텍스트 형태로 존재한다(Wang et al, 2018). 이러한 풍부한 정보를 구조화해 활용하는 것이 의료 AI의 핵심 과제다. 최신 LLM들은 의료 용어의 맥락 의존적 의미, 약어의 다의성, 부정 표현 등 의료 자연어 처리의 전통적 난제들을 크게 개선했다. GPT-4는 '배제됨(ruled out)'과 '배제할 수 없음(cannot rule out)'의 미묘한 차이를 정확히 구분하고, '병세 안정(stable disease)'과 '병세 진행(disease progression)'의 대조적 의미를 이해한다. 아마존 컴프리헨드 메디컬(Amazon Comprehend Medical)은 의료 텍스트에서 약물명, 진단명, 해부학적 구조, 검사 결과 등을 자동 추출하는 서비스를 제공한다(Peng et al, 2019). 높은 정확도로 의료 개체명을 인식하고 각 추출 결과에 대한 신뢰도 점수를 제공해 신뢰성 있는 분석을 지원한다.

다국어 의료 정보 처리와 대화형 AI

의료 정보의 글로벌화와 함께 다국어 의료 자연어 처리의 중요성도 증대되고 있다. 현재 영어 중심의 의료 AI 모델들을 다른 언어로 확장하는 것은 단순 번역을 넘어 각 언어권의 의료 문화와 진료 관행을 이해해야 하는 복잡한 과제다.

구글의 mT5, 메타의 mBERT 등 다국어 모델들을 의료 분야에 특화한 연구가 진행 중이다(Conneau et al, 2020). 특히 한국어, 일본어, 중국어 등 아시아 언어권의 의료 용어 체계와 서구 의학 용어 간의 매핑이 중요한 연구 주제다. WHO는 다국어 의료 정보 표준화를 위해 ICD-11의 다국어 버전을 개발하고 있으며, AI를 활용한 자동 번역과 용어 매핑 시스템을 구축하고 있다.

환자와 의료진 간 소통을 개선하고 의료 접근성을 높

이기 위한 의료 챗봇들이 발전하고 있다. 단순한 FAQ 응답이 아니라 환자의 증상을 체계적으로 문진하고 적절한 의료진에게 연결하는 고도화된 시스템들이 등장했다. 바빌론 헬스(Babylon Health)의 AI 챗봇은 환자의 증상을 문진해 가능한 진단을 제시하고 응급도를 평가한다(Razzaki et al, 2018). 영국 NHS에서 시범 운영되어 1차 의료 부담을 크게 줄였다. 에이다 헬스(Ada Health)는 의료진이 개발한 의학 지식 그래프와 머신러닝을 결합해 150개 이상의 언어를 지원하며 개인별 맞춤형 건강 평가를 제공한다고 밝히고 있다(Aboueid et al, 2019).

집단 지식의 개인화: 정밀 의료의 스케일링

WHO는 건강을 단순히 질병의 부재로 정의하지 않는다. 건강은 "사람들이 태어나고, 성장하고, 일하고, 살고, 나이 드는 환경과 일상생활의 조건을 형성하는 광범위한 힘과 시스템"의 결과로, 유전적, 환경적, 행동적, 사회적 요인이 복합적으로 작용하는 연속체다(World Health Organization, 2008). 정밀 의료는 바로 이러한 복잡성과 개별성을 고려한 맞춤형 판단과 중재를 목표로 하며, 이를 위해서는 집단 데이터에서 학습한 AI가 각 개인의 고유한 건강 맥락을 이해할 수 있어야 한다.

동일한 증상이라도 환자의 연령, 성별, 동반 질환, 약물 이력, 사회경제적 배경 등에 따라 해석이 달라질 수 있다. 이에 필요한 선험 지식, 실시간 관찰, 정보의 조합 및 계산량은 방대하며, 이는 정밀 의료에서 AI가 필수불가결한 요소 기술로 작용할 것임을 시사한다. 의료 빅데이터와 언어모델 기술은 이러한 문제 해결의 실마리가 될 수 있다. 이들 기술은 인구 집단 연구를 통해 축석된 의학 지식을 개인의 유전 정보, 생활 환경, 행동 패턴 등과 통합해 실시간으로 조정 가능한 확장형(on-demand, scalable) 분석 시스템을 구현하는 데 기여하고 있다. 최근에는 이처럼 환자 개별 상황을 실시간 반영하려는 시도로서 '맥락 AI(Contextual AI)' 개념이 제안되고 있다(Topol, 2019). 예를 들어, 에픽 시스템스(Epic Systems)의 셉시스 모델(Sepsis Model)은 인구통계학 정보, 활력 징후, 검사 결과, 약물 처방, 시술 이력 등을 종합해 15분 단위로 패혈증 위험 점수를 업데이트하며, 조기 예측을 지원한다.

그러나 이러한 지향이 현실적 도구로 자리잡기 위해서는 해결해야 할 과제가 아직 많이 남아 있다. 의료 빅데이터와 인공지능의 상호 발전에 필수 불가결한 정교한 지식 표현(knowledge representation)의 확장, 건강 정보의 특수성을 반영한 데이터 관리 시스템, 그리고 모델의 평가 지표 개발과 편향성과 설명 가능성을 포함한 윤리적 고려 등이 주요 과제들이다.

나아가 기술의 가치가 실현되기 위해서는 기술 그 자체를 넘어 의료진과 환자 간의 신뢰를 바탕으로 한 협력적 의사 결정 과정까지 뒷받침되어야 한다. 이에 언어모델과 의료 빅데이터 기술은 집단 지식을 개인별 맥락에 맞게 변환하는 온디맨드, 확장형 시스템 구현의 핵심 도구가 될 것이다. 이러한 기술적 진보는 의료의 공공성을 확장하는 동시에 개인화를 추진해, 모든 개인이 자신에게 최적화된 의료 서비스를 받을 수 있는 미래를 열어 가고 있다.

참고문헌

Aboueid, S., et al.(2019). The effectiveness of telemedicine for weight management in the MOVE! Program. *Telemedicine and e-Health*, 25(4), 273-281.

Anthropic(2025). Claude 3.7 Sonnet: The first hybrid reasoning model. Anthropic Research.

Arora, R. K., et al.(2025). HealthBench: Evaluating Large Language Models Towards Improved Human Health. OpenAI Research.

Beam, A. L., et al.(2018). Big data and machine learning in health care. *JAMA*, 319(13), 1317–1318.

Birnbaum, B., et al.(2020). Model-assisted cohort selection with bias analysis for generating large-scale cohorts from the EHR for oncology research. arXiv preprint arXiv:2001.09765.

Chen, J. H., & Asch, S. M.(2017). Machine learning and prediction in medicine-beyond the peak of inflated expectations. *New England Journal of Medicine*, 376(26), 2507–2509.

Conneau, A., et al.(2020). Unsupervised cross-lingual representation learning at scale. *Proceedings of the 58th Annual Meeting of the Association for Computational Linguistics*, 8440–8451.

Dolfing, H.(2024). Case Study 20: The $4 billion AI failure of IBM Watson for Oncology. Henrico Dolfing. https://www.henricodolfing.com/2024/12/case-study-ibm-watson-for-oncology-failure.html

Lewis, C. M., & Vassos, E.(2020). Polygenic risk scores: from research tools to clinical instruments. *Genome Medicine*, 12(1), 44.

Li, T., et al.(2020). Federated learning: Challenges, methods, and future directions. *IEEE Signal Processing Magazine*, 37(3), 50–60.

Nori, H., & King, D.(2025). The path to medical superintelligence: Microsoft AI Diagnostic Orchestrator. Microsoft AI Health Blog.

Nori, H., et al.(2025). Sequential diagnosis with language models. arXiv. https://arxiv.org/abs/2506.22405

OpenAI(2024.6.17). Color Health uses the reasoning capabilities of GPT-4o to help doctors transform cancer care. OpenAI Blog.

Peng, Y., et al.(2019). Transfer learning in biomedical natural language processing: An evaluation of BERT and ELMo on ten benchmarking datasets. *Proceedings of the 18th BioNLP Workshop*, 58-65.

Rajkomar, A., et al.(2018). Scalable and accurate deep learning with electronic health records. *npj Digital Medicine*, 1(1), 18.

Razzaki, S., et al.(2018). A comparative study of artificial intelligence and human doctors for the purpose of triage and diagnosis. arXiv preprint arXiv:1806.10698.

Sheller, M. J., et al.(2020). Federated learning in medicine: facilitating multi-institutional collaborations without sharing patient data. *Scientific Reports*, 10(1), 12598.

Singhal, K., et al.(2023). Large language models encode clinical knowledge. *Nature*, 620(7972), 172-180.

Topol, E. J.(2019). High-performance medicine: the convergence of human and artificial intelligence. *Nature Medicine*, 25(1), 44-56.

Tu, T., et al.(2024). Towards generalist biomedical AI. *New England Journal of Medicine*, 391(18), 1650-1662.

Tu, T., et al.(2025). Towards conversational diagnostic artificial intelligence. *Nature*, 642, 442-450.

Wang, Y., et al.(2018). Clinical information extraction applications: A literature review. *Journal of Biomedical Informatics*, 77, 34-49.

World Health Organization(2008). Closing the gap in a generation: health equity through action on the social

determinants of health. Geneva: World Health Organization.
Zhao, Q., et al.(2024). DDI-GPT: Explainable prediction of drug-drug interactions using large language models enhanced with knowledge graphs. bioRxiv.

09
윤리와 보안

정밀 의료의 확산과 함께 고려해야 할 윤리와 보안 측면을 살펴본다. 정밀 의료가 집단 데이터에서 개인별 맞춤 치료로 확장되면서, 특히 유전체 의학의 발전은 전례 없는 기회와 함께 복잡한 윤리적, 사회적 문제들을 제기한다. 개인의 가장 민감한 정보들이 AI 시스템을 통해 대규모로 처리되는 만큼, 기술적 혁신과 함께 인간 중심의 가치를 보호하는 균형 잡힌 접근이 필요하다.

AI와 기자?

정밀 의료가 집단 데이터에서 개인별 맞춤 치료로 확장되면서, 특히 유전체 의학의 발전은 전례 없는 기회와 함께 복잡한 윤리적, 사회적 문제들을 제기한다. 유전 정보의 특성상 개인뿐만 아니라 가족 구성원들에게도 영향을 미칠 수 있어, 정보 공유와 프라이버시 보호 사이의 균형이 중요한 과제로 대두되고 있다.

의료 데이터 프라이버시의 새로운 차원

유전체 정보의 특수성과 위험

정밀 의료의 핵심인 유전체 정보는 기존 의료 정보와 근본적으로 다른 특성을 가진다. 개인을 고유하게 식별할 수 있을 뿐만 아니라 가족 구성원의 정보까지 추론 가능하며, 평생 변하지 않아 한번 유출되면 영구적인 악용 위험에 노출될 수 있다.

유전 차별(genetic discrimination)은 가장 우려되는 문제 중 하나다. 미국은 2008년 유전정보차별금지법(GINA)을 제정해 고용과 건강보험에서의 유전 정보 차별을 금지했지만(Green & Lautenbach, 2015), 생명보험이나 장애보험 등은 여전히 예외 영역으로 남아 있다. 예를 들어 헌팅턴병 같은 단일유전자 질환의 경우 발병 예측 정확도가 매우 높아, 이런 정보가 보험업계에 알려질 경우 심각한 차별로 이어질 수 있을 것으로 우려된다.

부수적 발견(secondary findings)도 중요한 윤리적 쟁점이다. 특정 질환을 조사하기 위해 시행한 유전체 분석에서 예상치 못한 다른 질환의 위험이 발견될 수 있는데, 이런 정보를 환자에게 알려야 하는지에 대한 딜레마다. 미국 의학유전학회(ACMG)는 2025년 현재 59개 유전자에 대해서는 부수적 발견 시 환자에게 알리도록 권고하고 있지만(American College of Medical Genetics and Genomics, 2021), 여전히 다양한 의견이 공존하고 있다.

재식별화(Re-identification)의 위험

유전체 정보의 특수성과 함께 또 다른 심각한 문제는 개인정보를 제거한 익명화된 의료 데이터도 다른 데이터와 결합하면 개인 식별이 가능해진다는 점이다. 특히 유전체, 위치 정보, 구매 패턴, 소셜미디어 활동 등 다양한 데이터 소스들이 결합하면 개인 식별 가능성이 급격히 높아진다. 넷플릭스 프라이즈(Netflix Prize) 경진대회에서도 이러한 위험이 입증되었다. 익명화된 영화 평점 데이터였지만, IMDb의 공개 평점과 교차 분석해 다수 사용자의 정체를 밝혀낼 수 있었고, 이로 인해 넷플릭스는 후속 경진대회를 취소했다(Narayanan & Shmatikov, 2008).

AI의 추론 능력은 이러한 위험을 더욱 가중시킨다. AI는 직접 수집하지 않은 정보도 기존 데이터로부터 추론할 수 있어, 개인이 제공하지 않은 질병 위험도, 성적 지향, 정치적 성향 등을 소셜미디어 활동, 구매 패턴, 웹 검색 기록으로부터 예측한다. 의료 분야에서는 웨어러블 기기 데이터로부터 우울증, 파킨슨병, 당뇨병 등을 조기 예측하는 연구가 진행되고 있는데, 이는 개인이 아직 인지하지 못한 질병 정보를 AI가 먼저 알게 되는 상황을 만들 수 있다.

AI 편향 가능성과 의료 형평성

재식별화 위험과 더불어 정밀 의료에서 중요한 윤리적 과제는 AI 편향성이다. 의료 AI의 편향성은 특정 집단에게 부정확한 진단이나 부적절한 치료를 제공해 생명에 직접적 위험을 초래할 수 있다.

2019년 《사이언스(Science)》에 발표된 연구에서는 건강 예측 알고리즘이 비용을 대리 지표로 삼아 인종 간 편향을 발생시키는 현상을 보여 주었다(Obermeyer et al., 2019). 또한 피부과 AI의 인종 간 성능 차이도 보고된 바 있다(Adamson & Smith, 2018). 이 알고리즘은 의료비 지출을 건강도의 대리 지표로 사용했는데, 흑인 환자들이 동일한 질병 상태에서도 사회경제적 이유로 의료비를 적게 지출하는 패턴을 반영하지 못했다. 영상 진단 AI에서도 유사한 문제가 발견되었다. 스탠포드 대학의 연구에 따르면, 피부암 진단 AI가 어두운 피부톤에서 악성 흑색종을 놓칠 확률이 백인 대비 3배 높았다(Esteva et al, 2017). MIT와 하버드의 공동 연구에서는 여러 상용 X-ray AI 시스템들이 흑인과 여성 환자에 대한 폐렴 진단 정확도가 유의하게 낮았으며, 맘모그래피 AI도 유방 밀도가 높은 아시아계 여성에 대해 유방암 검출 민감도가 떨어지는 것으로 나타났다(Larrazabal, 2020).

AI 편향 가능성의 또 다른 차원은 언어와 문화적 요소다. 의료 AI 시스템들이 주로 영어와 서구 의료 문화를 기반으로 개발되어, 다른 언어권과 문화권에서 성능이 저하되는 문제가 있다. 증상 표현 방식, 질병에 대한 인식, 의료진과의 소통 패턴이 문화마다 다르기 때문이다. 한국어로 '어지럽다'는 표현은 현기증, 두통, 메스꺼움 등 여러 의미로 사용되지만, 영어 기반 AI는 이러한 미묘한 차이를 문맥에 따라 일관성 있게 인식하기 어렵다.

경제적 접근성도 해결해야 할 과제다. 졸겐스마

(Zolgensma)처럼 210만 달러(약 25억 원)에 달하는 고가의 유전자 치료제들은 의료 불평등을 심화할 우려가 있어, 이러한 치료제들의 접근성을 어떻게 보장할 것인가는 사회적 고민이 필요한 부분이다.

사이버 보안과 데이터 보호

의료기관은 사이버 공격의 주요 표적이 될 수 있다. 환자의 생명과 직결된 시스템 특성상 빠른 복구를 위해 몸값을 지불할 가능성이 높고, 의료 데이터의 가치가 신용카드 정보보다 10~50배 높은 것으로 알려져 있다. 2021년 아일랜드 보건서비스청(HSE) 랜섬웨어 공격은 국가 전체 의료 시스템을 마비시켰다(Health Service Executive, 2021). 콘티(Conti) 조직이 HSE 네트워크에 침투해 핵심 IT 시스템을 암호화했고, 전국 병원들이 수주간 수기 진료로 되돌아갔다. 응급 서비스만 제한적으로 유지되어 환자 안전에 심각한 위험을 초래했다. 미국에서도 의료기관을 대상으로 한 랜섬웨어 공격이 증가하고 있으며, 2024년 2월 체인지 헬스케어(Change Healthcare) 공격에서는 미국 전체 의료 청구의 약 40%를 처리하는 핵심 인프라가 마비되어 수천 개 병원과 약국이 영업 중단 사태를 겪었다(Turton & Mehrotra, 2024).

IoT 의료기기의 보안 취약점

사이버 위협의 양상은 연결된 의료기기들의 급속한 증가로 더욱 복잡해지고 있다. 인슐린 펌프, 심박 조율기, 인공호흡기 등 생명 유지 장치들이 네트워크에 연결되면서 해킹의 표적이 될 수 있다. 2017년 애버트(Abbott)의 심박 조율기에서 발견된 보안 결함은 해커가 원격으로 배터리를 방전시키거나 심장박동을 조작할 수 있는 위험을 노출했다(U. S. Food and Drug Administration, 2017). 메드트로닉(Medtronic)의 인슐린 펌프도 암호화되지 않은 무선 통신으로 인해 해커가 인슐린 주입량을 조작할 수 있는 취약점이 발견되었다(U. S. Department of Homeland Security, 2019). 이는 환자의 생명에 직접적 위험을 초래할 수 있는 심각한 보안 결함이었다. 병원 내 네트워크에 연결된 수천 개의 IoT 기기들은 종종 기본 비밀번호를 사용하거나 보안 업데이트가 늦어 해커들의 진입에 취약할 수 있으며, 특히 한번 침투하면 병원 전체 네트워크로 확산될 위험이 있다.

클라우드 보안과 제3자 위험

의료 AI 서비스들이 클라우드로 이전하면서 새로운 보안 과제가 생겨났다. AWS, 구글 클라우드, 마이크로소프트 애저(Azure) 등 대형 클라우드 제공 업체들은 강력한 보안을 제공하지만, 설정 오류나 권한 관리 실수로 인한 데이터 유출 위험이 있다. 2019년 미국 의료부채추심기관(American Medical Collection Agency, AMCA) 해킹에서는 2,100만 명 이상의 의료 기록이 유출되었다(Pennsylvania Office of Attorney General, 2021). AMCA는 퀘스트 다이아그노스틱스(Quest Diagnostics), 랩코프(LabCorp) 등 주요 검사기관의 결제 처리를 담당하는 제3자 업체였다. 이 사건은 의료 데이터 처리 체인에서 가장 약한 고리가 보안 위험의 원천이 됨을 보여주었다. 의료 AI 스타트업들이 급성장하면서 보안 투자 없이 제품을 출시하는 경우가 늘고 있다. 2022년 정신건강 앱 세레브럴(Cerebral)에서는 320만 명의 환자 데이터가 페이스북과 구글에 무단 전송되었다가 발각되었다(Mullin, 2022).

이러한 다양한 보안 위협에 대응하기 위해서는 보건의료 분야 데이터와 정보 시스템의 특수성을 깊이 이해하는 전문가 육성이 무엇보다 중요하다. 의료 데이터는 단순한 개인정보가 아니라 생명과 직결된 민감한 정보이며, 의료 시스템은 24시간 중단 없이 운영되어야 하는 특성을 가진다. 따라서 일반적인 IT 보안 접근법과는 다른 규제과학(regulatory science) 관점에서의 체계적 접근이 필요하다. 그러나 보안을 강화한다는 명목으로 데이터를 고립시키거나 혁신을 저해하는 과도한 제약은 지양해야 한다. 대신 의료 혁신과 환자 안전 사이의 균형점을 찾아, 단계적이고 섬세한 발전 전략을 통해 정밀 의료의 잠재력을 안전하게 실현할 수 있는 생태계 구축에 힘써야 한다.

AI 의료기기 규제의 진화

FDA는 AI/ML 기반 소프트웨어 의료기기(SaMD)에 대한 새로운 규제 프레임워크를 개발하고 있다. 기존 일회성 승인 방식으로는 지속적으로 학습하고 업데이트되는 AI 시스템을 적절히 규제하기 어렵다. 2021년 발표된 “AI/ML-Based SaMD Action Plan”은 사전 결정된 변경계획(Predetermined Change Control Plan)을 통해 AI 모델의 지속적 개선을 허용하면서도 안전성을 보장하는 방안을 제시했다(U. S. Food and Drug Administration, 2021). 하지만 AI 모델의 개념 변화(concept drift)나 예상치 못한 성능 저하를 실시간으로 감지하고 대응하는 체계는 아직 완성되지 않았다.

동적 동의(Dynamic Consent)와 데이터 거버넌스

정밀 의료에서는 개인의 데이터가 지속적으로 생성되고 새로운 용도로 활용될 가능성이 있어, 일회성 동의로는 한계가 있다. 환자가 자신의 데이터가 어떻게 사용되는지 지속적으로 모니터링하고 통제할 수 있는 동적 동의 체계가 필요하다.

영국의 연구 참여 동의(Consent to Research) 프로젝트는 환자가 온라인 플랫폼을 통해 자신의 의료 데이터 사용 범위를 세밀하게 조정할 수 있는 시스템을 개발했다(Steinsbekk et al, 2013). 환자는 언제든지 특정 연구 참여를 철회하거나 새로운 연구에 참여할 수 있다. 하지만 너무 복잡한 동의 과정은 오히려 환자의 혼란을 가중시킬 수 있다. 스탠포드 대학의 한 연구에 따르면, 평균적인 의료 동의서를 완전히 이해하려면 대학원 수준의 읽기 능력이 필요하다(Paasche-Orlow et al, 2003).

데이터 거버넌스와 윤리위원회

기존 기관심사위원회(IRB)만으로는 빠르게 진화하는 AI 기술의 윤리적 쟁점을 모두 다루기 어렵다. 따라서 의료 AI 개발과 배포에서 윤리적 감독을 위한 새로운 거버넌스 체계가 필요하다. 구글의 첨단 기술 외부 자문위원회

(Advanced Technology External Advisory Council)는 AI 윤리 자문을 위해 설립되었지만, 구성원 간 이견으로 1주일 만에 해체되었다(Vincent, 2019). 이는 AI 윤리에 대한 사회적 합의가 얼마나 어려운지를 보여 준다. 파트너십 온 AI(Partnership on AI), AI 나우 인스티튜트(AI Now Institute) 등 다양한 기관들이 AI 윤리 가이드라인을 제시하고 있지만, 실제 구현과 감독에는 한계가 있다.

규제와 법적 프레임워크: HIPAA와 GDPR

미국의 HIPAA(Health Insurance Portability and Accountability Act)는 1996년 제정되어 현재의 디지털 의료 환경을 충분히 반영하지 못한다. 웨어러블 기기, 건강 앱, AI 분석 등 새로운 기술들이 HIPAA 적용 범위 밖에 있어 규제 공백이 발생하고 있다. 소비자가 직접 구매하는 건강 앱들은 HIPAA가 적용되지 않아 사용자 데이터를 광고나 마케팅 목적으로 자유롭게 활용할 수 있다.

유럽의 GDPR은 의료 데이터를 특별한 범주의 개인정보로 분류해 더 강한 보호를 제공하지만(General Data Protection Regulation, 2018) '삭제권'이 의료 연구와 AI 개발에 미치는 영향에 대한 우려도 있다. 이미 학습된 AI

모델에서 특정 개인의 데이터만 제거하는 것은 기술적으로 매우 어렵거나 불가능하다. GDPR의 '설명할 권리'는 AI 의사 결정에 대한 설명을 요구할 수 있게 하지만, 복잡한 딥러닝 모델의 경우 실질적인 설명이 어려워 법적 분쟁의 소지가 있다.

특히 글로벌 AI 기업들의 의료 서비스가 확산되면서 국가별 규제의 일관성도 중요한 과제가 되고 있다. WHO는 2021년 'AI for Health' 가이드라인을 발표하여 국제적 표준을 제시했지만(World Health Organization, 2021), 각국의 의료 시스템과 문화적 차이로 인해 완전한 조화는 어려운 상황이다. 특히 AI 의료기기의 승인 기준, 데이터 요구 사항, 시판 후 감시 체계에서 상당한 차이가 있다.

미래를 향한 과제와 전망

정밀 의료의 확산과 함께 윤리적, 보안적 과제들이 더욱 복잡해지고 있다. 개인의 가장 민감한 정보들이 AI 시스템을 통해 대규모로 처리되는 만큼, 기술적 혁신과 함께 인간 중심의 가치를 보호하는 균형 잡힌 접근이 필요하다(Collins et al, 2024). 궁극적으로는 환자의 신뢰를 바탕으로 한 지속 가능한 정밀 의료 생태계 구축이 관건이다. 기술의 발전이 인간의 존엄성과 건강권을 보장하는 방향으로 나아갈 때만이 정밀 의료의 진정한 가치가 실현될 수 있을 것이다. 이를 위해서는 의료진, 환자, 기술개발자, 규제기관, 시민사회가 함께 참여하는 포괄적이고 지속적인 대화가 필수적이다.

참고문헌

Adamson, A. S., & Smith, A.(2018). Machine learning and health care disparities in dermatology. *JAMA Dermatology*, 154, 1247-1248.

American College of Medical Genetics and Genomics(2021). ACMG SF v3.1 list for reporting of secondary findings in clinical exome and genome sequencing. *Genetics in Medicine*, 23(8), 1381-1390.

Collins, B. X., et al.(2024). Addressing ethical issues in healthcare artificial intelligence using a lifecycle-informed process. *JAMIA Open*, 7(4), ooae108.

Esteva, A., et al.(2017). Dermatologist-level classification of skin cancer with deep neural networks. *Nature*, 542(7639), 115-118.

General Data Protection Regulation(2018). Regulation (EU) 2016/679.

Green, R. C., & Lautenbach, D.(2015). GINA, genetic discrimination, and genomic medicine. *New England Journal of Medicine*, 372(5), 397-399.

Health Insurance Portability and Accountability Act of

1996(1996). Pub. L. No. 104–191, 110 Stat. 1936.
Health Service Executive(2021). Independent review of the cyber attack on the HSE.
https://www.hse.ie/eng/services/news/newsfeatures/conti-cyber-attack/
Larrazabal, A. J., et al.(2020). Gender imbalance in medical imaging datasets produces biased classifiers for computer-aided diagnosis. *Proceedings of the National Academy of Sciences*, 117(23), 12592–12594.
Mullin, E.(2022.3.7). Mental health startup Cerebral shared patient data with Facebook and TikTok. *Wall Street Journal*.
Narayanan, A., & Shmatikov, V.(2008). Robust de-anonymization of large sparse datasets. In *2008 IEEE Symposium on Security and Privacy*, 111–125.
Obermeyer, Z., et al.(2019). Dissecting racial bias in an algorithm used to manage the health of populations. *Science*, 366(6464), 447–453.
Paasche-Orlow, M. K., et al.(2003). Readability standards for informed-consent forms as compared with actual readability. *New England Journal of Medicine*, 348(8), 721–726.
Pennsylvania Office of Attorney General(2021). AG Shapiro announces multistate settlement with American Medical Collection Agency over 2019 data breach. Press Release.
Steinsbekk, K. S., et al.(2013). Broad consent versus dynamic consent in biobank research: Is passive participation an ethical problem? *European Journal of Human Genetics*, 21(9), 897–902.
Turton, W., & Mehrotra, K.(2024.2.22). UnitedHealth's tech unit

hit by cyberattack, prescriptions delayed. *Bloomberg.*
U. S. Department of Homeland Security(2019). Medtronic MiniMed insulin pumps. ICS-CERT Advisory (ICSMA-19-211-02).
U. S. Food and Drug Administration(2017). Firmware update to address cybersecurity vulnerabilities identified in Abbott's (formerly St. Jude Medical's) implantable cardiac pacemakers. FDA Safety Communication.
U. S. Food and Drug Administration(2021). Artificial Intelligence/Machine Learning (AI/ML)-Based Software as a Medical Device (SaMD) Action Plan. FDA.
Vincent, J.(2019.4.4). Google cancels AI ethics board in response to outcry. *The Verge.*
World Health Organization(2021). Ethics and governance of artificial intelligence for health. WHO Technical Report.

10
미래의 의료

정밀 의료와 AI의 융합은 예측, 예방, 개인화, 참여의 4P 원칙을 현실에 구현하며 의료 패러다임 변화를 실현하고 있다. 디지털 트윈 기술과 통합 플랫폼 생태계는 개별 환자의 가상 모델을 구축해 맞춤형 치료 계획을 수립하고, 실시간 건강 모니터링을 가능하게 하며 미래 의료의 현장을 병원 밖 공간까지 연결한다. 환자와 의료진, 사회 전체가 함께 만들어 가는 이 새로운 의료 생태계는 병원 중심에서 일상 중심으로, 치료에서 예방으로의 전환을 이끌며 인간 중심의 미래 의료를 실현해 나간다.

AI와 미래 의사?

미래의 의료는 예측, 예방, 개인화, 참여의 4P 원칙을 구현하며, 디지털 트윈, 의료 생태계 플랫폼, 가치 기반 의료로 진화할 것이다. 정밀 의료는 이제 단순한 기술적 혁신을 넘어 의료 전체 생태계를 재편하고 있다. 바이오인포매틱스에서 시작된 개인화 의료가 AI 기반 멀티모달 데이터 통합, 스케일러블 처리 시스템, 그리고 새로운 윤리적 프레임워크와 결합해 완전히 새로운 의료 패러다임을 창조하고 있다.

왜 지금 정밀 의료인가? - 기술적 사회적 성숙

정밀 의료는 질병의 치료와 예방에서 개인의 유전자, 환경, 생활 습관의 다양성을 고려하는 혁신적인 접근법으로, 개인의 모든 생물학적, 환경적 데이터를 통합적으로 분석해 최적의 의료 서비스를 제공한다(National Research Council, 2011).

정밀 의료가 지금 현실화되는 것은 세 가지 핵심 기술의 동시 성숙 때문이다. 첫째, 유전체 시퀀싱 비용의 극적 감소다. 2003년 1억 달러였던 개인 유전체 해독 비용이 2025년 현재 200달러 이하로 떨어져 일상적 검사가 되었다(Wetterstrand, 2022). 둘째, AI 기술들의 융합적 발전이다. 개별 AI 기술이 통합되어 멀티모달 의료 데이터를 종합 해석하며, 특히 알파폴드 3(AlphaFold 3)는 단백질뿐 아니라 DNA, RNA, 생체분자 상호작용까지 예측해 생명과학에 혁명을 가져왔다(Abramson et al, 2024). 셋째, 의료 빅데이터의 축적과 플랫폼 기술과 거버넌스 체계의 발전, 표준화다. FHIR 같은 표준화 노력으로 서로 다른 의료 시스템 간 데이터 공유가 현실화되고 있다(Mandl & Kohane, 2024).

사회적 요구 또한 정밀 의료를 가속화한다. 한국이 2025년 초고령사회에 진입하는 등 급속한 고령화는 의료 시스템에 전례 없는 부담을 주고 있다. 정밀 의료는 이러한 도전에 대한 해답을 제시한다. 개인의 유전직 특성과 생활 습관을 고려한 맞춤형 예방 전략은 만성질환의 발생을 줄일 수 있다. AI 기반 진단 시스템은 의료 인력 부족 문제를 완화하고, 조기 진단을 통해 치료 비용을 절감할 수 있다. 또한 약물유전체학을 통한 맞춤형 처방은 약물 부작용과 재입원율을 줄여 전체적인 의료비를 감소시킬 것으로 기대된다. COVID-19 팬데믹은 정밀 의료의 중요성을 극적으로 보여 주었다. 바이러스 유전체 정보 공개 48시간 만에 mRNA 백신 후보 물질이 설계되었고, AI는 변이 예측과 고위험군 식별에 핵심 역할을 했다(Matheny et al, 2019).

4P 의학: 새로운 의료 패러다임과 그 구현

정밀 의료는 시스템생물학의 선구자 리로이 후드가 제안한 4P 의학을 실현한다. 이는 기존 반응적 의료에서 선제적 의료로의 근본적 전환을 의미한다.

예측 의료는 질병 발생 전 위험을 예측한다. 스탠포드 대학의 딥페이션트(Deep Patient) 시스템은 마운트시나이(Mount Sinai) 병원의 70만 명 환자 데이터로 당뇨병, 정신분열증, 다양한 암 등의 발병을 예측하며, 특히 정신과 질환 예측에서 주목할 만한 성과를 보였다(Miotto et al, 2016). 이는 유전자 정보뿐만 아니라 혈액검사, 생활습관, 환경 노출 데이터를 종합 분석한 결과다.

예방 의료는 예측을 바탕으로 적극 개입한다. 애플 심장 연구(Apple Heart Study)는 40만 명 참가자 중 0.5%에서 불규칙 맥박을 감지했고, 이 중 84%가 실제 심방세동으로 확진되어 뇌졸중 예방의 가능성을 보였다(Perez et al, 2019). AI 기반 라이프스타일 코칭도 등장했다. 뉴트리지노믹스(Nutrigenomix)는 개인의 유전자 변이를 분석해 카페인 대사 능력, 포화지방 반응성, 비타민 요구량을 평가해 맞춤형 영양 가이드라인을 제공한다.

개인화 의료는 각 개인의 고유 특성에 맞춘 치료를 제공한다. 암 치료에서 이런 접근법의 성과가 두드러진다.

하지만 IBM 왓슨 포 온콜로지(Watson for Oncology) 같은 초기 시스템들은 기대와 달리 실제 환자 데이터가 아닌 가상 사례로 훈련되어 한계를 보였다. 현재는 더 정교한 개인화 시스템들이 개발되고 있다.

참여 의료는 환자를 능동적 파트너로 인식한다. 23andMe 같은 직접 소비자 대상 유전자 검사는 개인이 자신의 유전 정보를 이해하고 건강 관리에 활용하게 하며, 수집된 데이터를 연구에 활용해 새로운 의학적 발견에 기여할 수 있을 것이라는 비전을 제시했고, 그 다양한 후속 시도들이 이루어지고 있다.

디지털 트윈과 플랫폼 생태계

미래 의료의 가장 혁신적인 개념 중 하나는 '디지털 트윈(Digital Twin)'이다(Katsoulakis et al, 2024). 원래 항공우주 산업에서 시작된 이 개념은 물리적 객체나 시스템의 완전한 디지털 복제본을 만들어 실시간으로 모니터링하고 시뮬레이션하는 기술이다. 의료 분야에서 디지털 트윈은 개별 환자의 완전한 가상 모델을 의미한다. 유전자 정보, 생리학적 데이터, 의료 영상, 생활 습관 정보 등을 종합하여 구축되며, 실제 환자와 동일하게 질병과 치료에 반응한다. IBM과 화이자(Pfizer)의 파킨슨병 디지털 트윈 프로젝트는 스마트폰과 웨어러블 기기 데이터로 질병 진행을 실시간 모니터링하며 약물 용량 조절과 치료 계획에 활용된다. 심장 질환에서는 더욱 정교한 디지털 트윈이 MRI, CT 영상으로 3D 심장 모델을 구축하고 전기생리학적 특성까지 반영해 부정맥 치료나 수술 결과를 시뮬레이션한다.

한편 미래 의료는 개별 병원이나 의료진 중심의 분절된 서비스에서 통합된 플랫폼 생태계로 진화하고 있다. 이러한 플랫폼은 다양한 의료 서비스 제공자, 기술 회사, 연구기관, 환자들을 연결해 새로운 가치를 창출한다. 의료 생태계의 플랫폼화는 분절된 서비스를 통합 생태계로 진화시킨다. AWS 헬스레이크(HealthLake)는 서로 다른 형태의 의료 데이터를 통합 저장하고 AI/ML 분석으로 통찰을 제공한다. 구글 헬스 AI(Health AI) 플랫폼은 의료 영상 분석, 질병 예측, 약물 발견을 API로 제공하여 작은 병원도 최첨단 AI 기술을 활용할 수 있게 한다. 이러한 플랫폼화는 새로운 AI 알고리즘이나 진단 도구를 전 세계에 즉시 배포할 수 있게 하여 의료 혁신을 가속화할 것이다.

미래 전망: 과제와 도전, 그리고 기회

정밀 의료와 AI의 융합이 가져올 미래는 밝지만, 여전히 해결해야 할 과제들이 있다. 데이터 프라이버시와 보안, AI의 설명 가능성, 의료진의 역할 변화, 건강 불평등 문제 등이 그것이다(Char et al, 2018).

대상자 중심의 신뢰 구축

사람들은 AI 진단에 대해 양면적 감정을 갖는다. 메모리얼 슬론 케터링(Memorial Sloan Kettering)의 환자 설문 조사에서 환자들은 AI 활용에 대체로 긍정적이었지만, 데이터의 정확성과 포괄성에 대한 우려를 표했다. 핵심은 환자가 AI를 맹신할 대상이 아닌 보조 도구로 인식하도록 하는 것이다. 이를 위해서는 AI 시스템의 투명성과 설명 가능성이 필수적이다. 환자가 왜 이런 진단이나 치료 권고가 나왔는지 이해할 수 있어야 진정한 신뢰가 구축된다.

또한 디지털 격차 문제는 심각하다. 최신 정밀 의료 기술에 접근할 수 있는 계층과 그렇지 못한 계층 간의 건강 격차가 더욱 벌어질 수 있다. 스마트폰이나 웨어러블 기기를 사용할 수 없는 고령층, 경제적 여건이 어려운 계층, 디지털 리터러시가 낮은 사람들이 소외되지 않도록 공공 의료 체계의 적극적 지원이 필요하다.

의료진의 역할 진화와 적응

의사의 역할은 대체가 아닌 진화의 과정을 겪고 있다. AI가 의사를 위협한다는 초기 우려와 달리, 실제로는 '증강지능(Augmented Intelligence)' 개념이 먼저 자리잡고 있다(Topol, 2019). AI는 정보 처리와 패턴 인식에 강하고, 인간은 맥락 이해, 공감, 윤리적 판단에 강하다. 이러한 상호 보완적 관계에서 숙련된 의사는 더 높은 수준의 임상 의사 결정과 환자 케어에 집중할 수 있다.

하이브리드 진료 모델 개념도 널리 확산되고 있다. AI가 1차 스크리닝을 수행하고 의사가 최종 판단을 내리거나, 의사가 놓친 부분을 AI가 재확인하는 방식으로 효율성과 정확성을 모두 높이는 것이다. 이 과정에서 의료진에게는 지속적인 교육과 훈련이 필요하다. AI 도구를 효과적으로 활용하고 그 한계를 이해하는 능력도 미래 의료진의 필수 역량이 될 것이다.

일상 속 정밀 의료의 자연스러운 통합

정밀 의료가 성공하려면 일상 생활에 자연스럽게 스며들어야 한다. 스마트워치를 통한 심전도 모니터링, 스마트폰 카메라를 이용한 피부암 검진, 음성 분석을 통한 정신건강 평가 등이 이미 현실화되고 있다. 중요한 것은 이런 기술들이 사용자에게 부담이 아닌 편의를 제공해야 한다는 점이다.

프라이버시와 보안 문제도 중요하다. 개인의 유전 정보, 건강 데이터는 특히 민감한 정보다. 사용자들이 자신의 데이터가 안전하게 보호되고, 동의 없이 오남용되지 않는다는 확신을 가져야 정밀 의료 기술의 광범위한 수용이 가능하다. 블록체인 기술을 활용한 의료 데이터 관리, 연합 학습을 통한 프라이버시 보호 AI 개발 등이 이런 우려를 해소하는 해법으로 주목받고 있다.

새로운 의료 생태계의 탄생

미래의 의료는 더 이상 병원이라는 물리적 공간에 국한되지 않는다. 집, 직장, 이동 중에도 지속적인 건강 모니터링과 관리가 이루어진다. AI가 개인의 건강 상태를 실시간으로 분석해 최적의 건강 관리 방안을 제시하고, 문제가 감지되면 즉시 의료진과 연결한다. 이러한 변화를 통해 우리는 '치료 중심'에서 '예방과 웰빙 중심'의 새로운 패러다임 전환을 마주한다. 하지만 기술만으로는 충분하지 않다. 정밀 의료가 진정으로 성공하려면 기술적 우수성과 함께 임상적 유용성, 윤리적 타당성, 경제적 지속 가능성을 모두 갖춰야 한다. 무엇보다 환자의 안전과 이익이 최우선이어야 한다.

정밀 의료와 AI의 융합은 인간의 건강과 삶의 질을 근본적으로 향상시키는 패러다임 전환의 구현이다. 우리가 상상한 미래는 이미 시작되었다. 당뇨병성 망막병증 진단부터 개인 맞춤형 암 치료까지, 과거 꿈이었던 것들이 이미 현실이 되고 있다. 스마트워치는 불규칙 심박을 감지하고, 카메라는 피부암을 진단하며, 목소리는 정신 건강의 신호를 포착한다. 정밀 의료는 더 이상 병원 안에서만 구현되는 고도의 기술이 아니라, 일상 속으로 부드럽게 침투해 삶의 질을 높이는 도구가 되고 있다.

오늘의 정밀 의료와 AI가 보여 주는 가능성은 미래 의료의 모습을 예고한다. 이런 변화를 지속 가능하게 하기 위해선 거시적이고 통합적인 관점에서의 숙고와 사회적 논의, 균형 잡힌 시스템 차원의 설계가 동반되어야 한다. 무엇보다 기술이 아닌 인간의 존엄이 미래 의료의 기준이 되어야 한다. 의료의 중심은 언제나 '사람'이어야 한다. 그 미래를 환자와 의료진, 그리고 사회 전체가 함께 만들어 가는 것이 현재의 우리에게 과제이자 기회로 주어지고 있다.

참고문헌

Abramson, J., et al.(2024). Accurate structure prediction of biomolecular interactions with AlphaFold 3. *Nature*, 630(8016), 493–500.

Char, D. S., et al.(2018). Implementing machine learning in health care—addressing ethical challenges. *New England Journal of Medicine*, 378(11), 981–983.

Katsoulakis, E., et al.(2024). Digital twins for health: a scoping review. *npj Digital Medicine*, 7(1), 77.

Mandl, K. D., & Kohane, I. S.(2024). Fast Healthcare Interoperability Resources (FHIR): Enabling interoperability for precision medicine. *Nature Medicine*, 30(3), 445–450.

Matheny, M., et al.(2019). Artificial intelligence in health care: The hope, the hype, the promise, the peril. *National Academy of Medicine.*

Miotto, R., et al.(2016). Deep Patient: an unsupervised representation to predict the future of patients from the electronic health records. *Scientific Reports*, 6(1), 26094.

National Research Council(2011). Toward precision medicine: Building a knowledge network for biomedical research and a new taxonomy of disease. National Academies Press.

Perez, M. V., et al.(2019). Large-scale assessment of a smartwatch to identify atrial fibrillation. *New England Journal of Medicine*, 381(20), 1909–1917.

Topol, E. J.(2019). High-performance medicine: the convergence of human and artificial intelligence. *Nature Medicine*, 25(1), 44–56.

Wetterstrand, K. A.(2022). DNA Sequencing Costs: Data from

the NHGRI Genome Sequencing Program (GSP). National Human Genome Research Institute.
https://www.genome.gov/sequencingcostsdata

김효정

가톨릭대학교 바이오메디컬소프트웨어학과 교수이자 PHI (Precision & Provenance Health Informatics) Lab 책임교수다. 서울대학교 의생명정보학연구실(SNUBI)에서 "정밀의학을 위한 임상유전체데이터모델"로 의료정보학 박사 학위를 받았다. 연세의료원 의료정보실에서는 항암화학요법과 항생제 처방 특화 시스템을 설계·개발했고, 삼성서울병원 미래의학연구소 박사후연구원과 성균관대학교 삼성융합의과학원 연구교수로 재직하며 유방암 레지스트리 구축에 기여했다. 카카오헬스케어 선행기술연구소에서는 ML/LLM 데이터 엔지니어로 근무하며, 인공지능을 적용한 다기관 의료데이터 활용 및 실증 연구를 수행했다. 학계와 의료 현장, 산업계를 넘나드는 이론적 기반과 경험을 토대로, 정밀 의료와 다층적 헬스케어 빅데이터, 실사용 근거(RWE) 창출, 정보시스템 지능화와 데이터 거버넌스를 축으로 활발한 다학제 연구를 이어 가며, 정밀의료 시대가 요구하는 신뢰할 수 있는 의료 데이터 활용과 과학적 데이터 플랫폼 구축·운용에 기여하고 있다.